Obwohl ich ständig in ›unstrukturiertem‹ Kontakt mit meinem Netzwerk stand, bewarb ich mich erst mehr als 40-mal erfolglos für verschiedene Jobs, bevor ich lernte, systematisch zu netzwerken. Ich aktivierte gezielt zwei Kontakte. Daraus folgten zwei Bewerbungen, zwei Interviews und ein Job!
Jacqueline Hirzel (Chief of Staff)

Als ich mich aufmachte, meinen Job, meine Branche und meine Region zu wechseln – ich wollte von Europa nach Asien ziehen – fühlte sich das wie eine gewaltige Herausforderung an. Dank Carstens Anleitung habe ich meine persönliche Marke definiert und, was noch wichtiger ist, gelernt, wie ich strukturiert und strategisch netzwerken kann. Nur ein Jahr später bin ich erfolgreich nach Vietnam umgezogen und leite jetzt als Managing Director eine große Produktionsstätte. Carstens Einblicke und seine Herangehensweise waren von unschätzbarem Wert, um diesen Übergang nicht nur möglich, sondern wirklich erfolgreich zu machen.
Ramon Hendriks (Managing Director)

Carsten Sudhoff

Keiner gewinnt allein

Carsten Sudhoff

Keiner gewinnt allein

Strukturiertes Netzwerken – der unterschätzte Weg zum Erfolg

HAUFE

Inhalt

Mein Weg zum Netzwerk-Profi

Geboren wurde ich in London als Sohn eines Diplomaten und einer Kunsthistorikerin. Der regelmäßige Standortwechsel war daher für mich vorprogrammiert. Meine Kindheit und Jugend verbrachte ich in unterschiedlichen Ländern, in unterschiedlichen Kulturen und unterschiedlichen Schulsystemen. Freundschaften aufzubauen, war für mich ein Leichtes. Freundschaften zu halten, insbesondere nach einem weiteren Umzug in ein neues Land oder auf einen neuen Kontinent, fiel mir dagegen sehr schwer. Wie konnte man denn eine Freundschaft aufrechterhalten, wenn man nicht mehr am gleichen Standort wohnte und den direkten sozialen Kontakt nicht mehr pflegen konnte? So gewann ich früh ein Gespür für die Belastbarkeit von Beziehungen und dafür, wie man diese auch über Distanz und Zeit aufrechterhalten kann. Außerdem stellte ich fest, dass »einmal im Netzwerk, immer im Netzwerk« immer gilt. Auch nach Jahren ohne Kontakt freuen sich Menschen, wenn man sich wieder bei ihnen meldet.

Während meines Studiums an einer französischen Hochschule (HEC Paris) begegnete mir dann zum ersten Mal das Konzept eines Netzwerks in Form der Vereinigung ehemaliger Studierender (Alumni). Dies schärfte meinen Blick für die Chancen, die organisierte Netzwerke und regelmäßige Events bieten. Zu meinem Karrierebeginn bei einem führenden deutschen Automobilhersteller Ende der 90er-Jahre wurde mir von meinem Arbeitgeber empfohlen, ein Netzwerk aufzubauen. Es hieß, dies sei wichtig für die eigene Entwicklung und Karriere. Ich nahm den Auftrag mit, hatte aber keine Vorstellung, was ich konkret tun sollte und wie sich ein Netzwerk überhaupt erfolgreich aufbauen ließ. In den kommenden Jahren beobachtete ich, wie einzelne Kollegen und Kolleginnen gezielt Verbindungen zu anderen Personen aus dem Kollegium knüpften und wie diese durch ihre Kontakte schneller und erfolgreicher Karriere machten als andere. Ich sah aber auch Kolleginnen und Kollegen, die sich bei der Bildung eines Netzwerks deutlich schwerer taten und wahrscheinlich auch deswegen in ihrer Karriere weniger erfolgreich waren. Auch hier lernte ich dazu.

Später, während ich als Personalchef fünf Jahre beim Weltwirtschaftsforum (World Economic Forum – WEF) arbeitete, erlebte ich die hohe Schule des Netzwerkens aus erster Hand. Den meisten Lesern und Leserinnen ist das WEF wohl am ehesten durch das Jahrestreffen in Davos (Schweiz) bekannt. Ich hatte das Privileg und die Freude, jahrelang in Davos erleben zu dürfen, wie sich top Führungskräfte aus Politik, Wirtschaft, Academia und Zivilgesellschaft trafen, um zu geopolitischen und sozioökonomischen Problemfeldern Stellung zu beziehen und Lösungen zu finden. Das Weltwirtschaftsforum bietet einen idealen Rahmen zum Austausch. Auch wenn die offiziellen Anlässe den Top-Führungskräften vorbehalten sind, unterscheiden sich die Persönlichkeiten der Teilnehmenden auf allen Hierarchieebenen nicht stark voneinander. So gibt es auf jedem Level introvertierte genauso wie extrovertierte Menschen, »Denker« genauso wie »Macher«, Unternehmerinnen, Wirtschaftsbosse, Politikerinnen, Wissenschaftler, Personen aus Asien, aus Europa, aus Afrika oder vom amerikanischen Kontinent, Junge wie Alte. Der Sinn und der Mehrwert des Austauschs zwischen einzelnen Entscheidungsträgern waren für mich dabei stets offensichtlich. Ich bewunderte die Leichtigkeit, mit der einige Personen allem Anschein nach mit Fremden das Gespräch suchten und schnell eine Basis für einen gezielten Austausch fanden.

Auch wenn ich den regen Austausch aus der Nähe betrachten konnte, erkannte ich zunächst kein System, keine Technik, keinen verbindenden Ansatz, welcher erfolgreiches von erfolglosem Netzwerken unterschied.

Ich stellte mir die Frage, ob sich Netzwerken erlernen lässt oder ob diese Kunst angeboren sein muss. Ist Netzwerken nur etwas für Extrovertierte oder kann auch ein introvertierter Mensch erfolgreich netzwerken? Ich fragte mich, ob Nutzen-orientiertes Netzwerken nur in einem klar definierten Raum (wie beim WEF) möglich sei oder ob das überall geschehen kann. Am Ende lautete meine Schlüsselfrage: Gibt es einen allgemeingültigen und transferierbaren Ansatz, gibt es Tipps und Tricks, mit denen jeder Mensch – auch ohne jegliche Vorbildung – zu einem »Profi-Netzwerker« werden kann? Das World Economic Forum bot einen idealen Rahmen, um Netzwerkende zu beobachten und einen solchen Ansatz zu entwickeln.

In den letzten Jahren hatte ich beruflich die Möglichkeit, in mehr als zehntausend Beratungen mit Personen aus ganz verschiedenen Industrien, Funktionen und Hierarchieebenen zu arbeiten, meine Netzwerk-Methoden anzuwenden und systematisch weiterzuentwickeln. Meine Klienten und Klientinnen kamen mit ganz unterschiedlichen Problemen und Fragestellungen zu mir. Da war zum Beispiel der erfolgreiche Manager, der nach einer weiteren Umstrukturierung seines Arbeitgebers den Job verloren hatte und bislang vergeblich auf den Stellenbörsen nach der nächsten Job-Offerte suchte. Da war der Projektmanager, der bemüht war, aber bis dato vergeblich versucht hatte, ein aufwendiges und teures Medizinprodukt in Lateinamerika auf den Markt zu bringen, und der an der mangelnden Finanzkraft des lokalen Gesundheitssektors scheiterte. Und da war das Unternehmen, das auf dem Weg in eine nachhaltige Wertschöpfung nicht wusste, ob und, wenn ja, mit wem, es eine Kooperation eingehen sollte.
Ich bemerkte, dass alle diese Personen ihr jeweiliges Problem nicht allein lösen können würden. Sie brauchten dazu (mindestens) eine weitere Person, einen Kontakt, einen Wissensträger oder eine Vermittlerin. Mithilfe meiner systematisch entwickelten und erprobten Netzwerkstrategie, welche ich meinen Klienten und Klientinnen vermittelte, konnten diese für alle diese Beispielsituationen und viele mehr eine

gute Lösung finden. Ich nenne diese Vorgehensweise »Strukturiertes Netzwerken«. Wie das funktioniert, erfahren Sie in diesem Buch. Ich teile hier mit Ihnen mein Wissen und die Strategien zum Strukturierten Netzwerken, sodass auch Sie ab sofort Ihr Netzwerk gezielt ausbauen und nutzen können, um Ihre eigenen Ziele, Ziele Ihrer Organisation und Ziele für die Gemeinschaft sowie unsere Gesellschaft erfolgreich voranbringen können. Damit Ihnen die Umsetzung gelingt, schließt jedes Kapitel mit einer Übersicht und konkreten Fragestellungen, die Ihnen die Anwendung erleichtern. Das Stochern im Nebel ist beendet – ab sofort werden Sie Netzwerken gezielt nutzen, um Ihr Business (und das anderer!) voranzubringen.

Es ist mir ein persönliches Anliegen, sowohl Zusammenhänge und Hintergrundwissen als auch die vielen Tipps und Tricks, die sich im Laufe der Jahre in der Arbeit mit meinen Klienten und Klientinnen als nützlich, als wertvoll oder gar als Gamechanger erwiesen haben, mit Ihnen zu teilen. Alle Erfolgsbeispiele stammen aus meiner Beratungspraxis. Ich bin zutiefst überzeugt, dass Netzwerken, richtig verstanden, die Gemeinschaft stärkt, Win-win-Situationen schafft und Menschen auf positive Weise miteinander verbindet: »Keiner gewinnt allein!« In diesem Sinne: Lassen Sie uns gemeinsam loslegen!

Teil A:

NETZWERKEN – DIE ABKÜRZUNG ZUM ERFOLG

1. Keiner gewinnt allein – dieses Buch im Rahmen der Geschichte des Netzwerkens

Zwischenmenschliches – eine kurze Geschichte des Netzwerkens

In der Frühzeit der Menschheit bestand das eigene Netzwerk oder Ökosystem[1] hauptsächlich aus der kleinen Gemeinschaft, in der zwischenmenschliche Verbindungen durch gemeinsame Erfahrungen, Nähe und familiäre Bindungen geschmiedet wurden. Diese Gemeinschaften, ob Stämme oder Dörfer, bildeten das Gefüge der Gesellschaft und erleichterten den Austausch von Gütern, Ideen und Kultur. In solchen eng verbundenen Umgebungen war Netzwerken relativ unkompliziert; Personen kannten sich persönlich[2] und Vertrauen baute sich im Laufe der Zeit auf.

In diesen Gemeinschaften halfen bestimmte Normen und Werte, den Zusammenhalt zu sichern:

1 Ein sozioökonomisches Ökosystem bezieht sich auf Partnerschaften zwischen Organisationen, um gemeinsam Probleme zu lösen, die im Alleingang nicht gelöst werden können

2 Vergleiche die »Dunbar-Zahl«, die theoretische »kognitive Grenze« der Anzahl an Menschen, mit denen eine Einzelperson soziale Beziehungen unterhalten kann. Das Konzept wurde vom Psychologen Robin Dunbar entwickelt.

Vertrauen und Loyalität

Das Aufbauen und Aufrechterhalten von Vertrauen ist im inneren Kreis von größter Bedeutung. Ein »innerer Kreis« (zu dem in der Regel Freunde und Familienmitglieder gehören) und der »äußere Kreis« (der alle anderen bekannten Personen umfasst) finden sich in vielen – sowohl historischen als auch zeitgenössischen – Gesellschaftsformen.

Die Loyalität gegenüber der Gruppe und ihren Mitgliedern wird hochgeschätzt und oft durch gemeinsame Erfahrungen und gegenseitiges Verständnis kultiviert.

Reziprozität

Reziprozität ist ein grundlegender Aspekt der Beziehungen innerhalb des inneren Kreises. Individuen sollen anderen innerhalb der Gruppe Unterstützung und Hilfe bieten – in der Erwartung, dass dies bei Bedarf erwidert wird.

Hierarchie und Respekt

Innerhalb des inneren Kreises kann es informelle Hierarchien geben, die auf Alter, Seniorität oder Expertise basieren; denjenigen in Machtpositionen schuldet man Respekt.

Inklusivität

Obwohl der innere Kreis per Definition exklusiv ist, können Mitglieder aktiv versuchen, andere einzubeziehen, die ähnliche Werte, Ziele oder Interessen teilen, und den Kreis im Laufe der Zeit erweitern.

Im Verlauf der Jahrhunderte und mit der Entwicklung der Zivilisationen wurde Netzwerken aufgrund mehrerer Faktoren immer komplexer. Die Urbanisierung führte zum Wachstum von Städten, in denen Anonymität die Vertrautheit ersetzte und es schwieriger war, bedeutungsvolle Verbindungen herzustellen. Darüber hinaus erweiterte die Entstehung von Imperien und Handelsrouten den Umfang des Netz-

werks. Dies führte jedoch auch zu Herausforderungen wie Sprachbarrieren und unterschiedlichen kulturellen Normen. Soziale Hierarchien entstanden, Netzwerke wurden stratifiziert (»geschichtet«) und der Zugang zu bestimmten Kreisen wurde beschränkt.
Die industrielle Revolution markierte eine bedeutende Verschiebung in den Dynamiken des Netzwerkens. Massenwanderungen in Städte und das Aufkommen großer Unternehmen schufen neue Möglichkeiten für das Netzwerken, verstärkten jedoch auch den Wettbewerb und förderten unpersönliche Beziehungen.
Mit dem Einzug der modernen Technologie wurde die Kommunikation schneller und weitreichender. Vom Austausch von Nachrichten über den Telegraphen ab Mitte des 19. Jahrhunderts bis zur permanenten Konnektivität des heutigen Internets hat die Gesellschaft ihre Lebensweise stetig an wechselnde Interaktionsmöglichkeiten angepasst.

Heute stehen Begriffe wie »Künstliche Intelligenz (KI)«, »Cloud- und Edge-Computing« oder »Internet der Dinge (IoT)« für die Anstrengungen, eine stetig wachsende Anzahl von technischen Vernetzungen zu ermöglichen. **Ich meine aber: Ohne das zwischenmenschliche Handwerkszeug des Netzwerkens bleiben die unendlichen Möglichkeiten der technologischen Vernetzung weitgehend ungenutzt.**
Dabei ist gezieltes und nutzbringendes Vernetzen mit der richtigen Person bei der Lösung unserer privaten, wirtschaftlichen und sozioökonomischen Probleme geradezu zwingend. Dieses Buch führt daher in die Kunst des Netzwerkens ein, die darauf beruht, tragfähige zwischenmenschliche Verbindungen zu etablieren und zu pflegen.

Der Aufbau des Buchs

Dieses Buch besteht aus insgesamt drei Teilen mit insgesamt zehn Kapiteln.

Teil A enthält fünf Kapitel und zeigt die Grundlagen des Strukturierten Netzwerkens anschaulich auf. Der Teil führt alle relevanten Konzepte ein, die für ein erfolgreiches Netzwerken notwendig sind, und bietet konkrete Anleitung für die direkte Anwendung.

Teil B beschreibt fünf Anwendungsgebiete für die Netzwerk-Kompetenz: (1) Netzwerk-Anlass in Kapitel 6, (2) Jobsuche in Kapitel 7, (3) Netzwerken innerhalb des eigenen Arbeitgebers in Kapitel 8, (4) Netzwerken zwischen verschiedenen Organisationen zur Lösung gemeinsamer Probleme in Kapitel 9 und (5) soziale Kooperationen (Public-private-Partnerships) in Kapitel 10.

Teil C fasst alle relevanten Informationen kurz und knapp für Schnell-Lesende zusammen.

Alle drei Teile beinhalten eine Vielzahl nützlicher Formulierungen, Fragen, Checklisten, Reflexionsübungen und Anregungen.

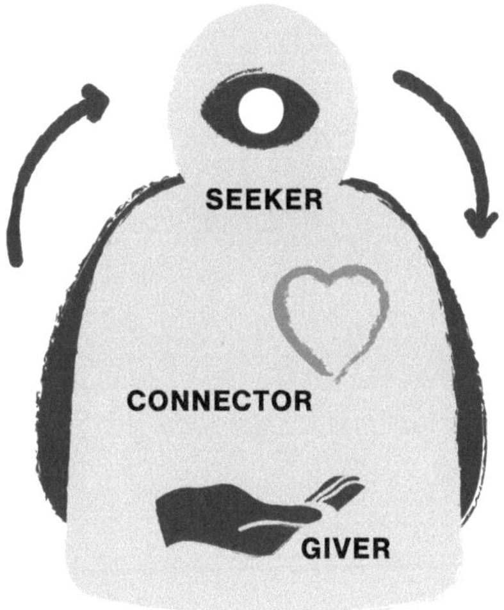

Abb. 1.1: Die drei Netzwerk-Rollen

Im Mittelpunkt des Buchs stehen drei miteinander verbundene Netzwerk-Rollen:
Der **Seeker** (Sucher) erhält konkrete Handlungsanweisungen dafür, wie er das Netzwerk anderer Personen gezielt und erfolgreich für konkrete Anliegen nutzen kann.
Der **Connector** (Verbinder) lernt Tipps und Tricks kennen, wie er die Rolle am besten ausfüllen kann, und erfährt, warum er das Bindeglied zwischen Seeker und Giver (s. u.) sein kann.
Der **Giver** (Geber) bekommt einen Weg aufgezeigt, auf dem er persönlichen, sozialen und wirtschaftlichen Nutzen aus der Unterstützung von Netzwerkanfragen ziehen kann.

Indem das Buch alle drei Rollen betrachtet und verknüpft, entsteht ein vertieftes Verständnis darüber, dass eine Person alle drei Rollen bespielen kann (und sollte), um die »eigene Marke« im Netzwerk auf- und auszubauen.
Das Buch gibt eine Anleitung, wie sich Netzwerke als Werkzeug in ganz unterschiedlichen Situationen kreieren und nutzen lassen, um Innovation, Widerstandsfähigkeit und Inklusion sowie den Erfolg des einzelnen Individuums oder einzelner Gruppen zu fördern. Es richtet sich an alle, die in der Erkenntnis leben, dass sich ihr augenblickliches Problem nicht allein lösen lässt, sondern dass die Lösung des Problems (mindestens) eine weitere Person erfordert. Zu guter Letzt soll dieses Buch etwaige Hemmungen vor dem Netzwerken abbauen und Lust auf das Thema machen.

2. Win-win – Sinn und Freude durch Verbindung

Während viele beim Thema Netzwerken vorwiegend an den Austausch von Visitenkarten oder an beiläufige Interaktionen bei gesellschaftlichen Veranstaltungen denken, so hat das Konzept des Netzwerkens in einer zunehmend vernetzten Welt eine tiefere Bedeutung. Ich verstehe Netzwerken als eine tiefere Form der Verbindung, die darauf abzielt, mit Freude anderen zu helfen und gleichzeitig persönliches und berufliches Wachstum zu fördern – bei mir selbst und meinen Mitmenschen. Wenn es entsprechend strukturiert betrieben wird, entwickelt sich Netzwerken zu einem mächtigen Werkzeug, nicht nur für den individuellen Erfolg, sondern auch für das gemeinsame Wohl von Menschen, Organisationen und der Gesellschaft im Allgemeinen. Ich definiere Strukturiertes Netzwerken entsprechend wie folgt:
Strukturiertes Netzwerken ist ein bewusster, ergebnisorientierter Ansatz zum Aufbau persönlicher und beruflicher Beziehungen, bei dem Absichtlichkeit und Gegenseitigkeit im Zentrum stehen.

Strukturiertes Netzwerken schafft vertrauensvolle Verbindungen

Strukturiertes Netzwerken bedeutet vor allem, den Wert menschlicher Verbindungen und das Potenzial, das sie besitzen, um positive Veränderungen zu schaffen, zu erkennen. Im Gegensatz zum etwas in Verruf geratenen Konzept des »Vitamin B«, das meist darauf abzielt, was man aus Beziehungen gewinnen kann, betont das Strukturierte

Netzwerken den gegenseitigen Nutzen und den langfristigen Wert von Beziehungen. Es geht darum, Vertrauen aufzubauen, echte Verbindungen zu pflegen, sich für den Erfolg und das Wohlergehen anderer einzusetzen – und sich darüber zu freuen.
Dieser Zweck des Netzwerkens ist das leitende Prinzip, das die eigenen Handlungen auf eine sinnvolle Interaktion mit anderen ausrichtet. Es funktioniert als der innere Kompass, der Menschen dazu anregt, Gelegenheiten zu suchen, um sich mit anderen zu verbinden, nicht nur (aber auch) zum eigenen Vorteil, sondern auch um Unterstützung zu bieten, Wissen zu teilen und Hilfe dort zu leisten, wo sie gebraucht wird. Diese Art des Netzwerkens priorisiert die Bedürfnisse und Ziele anderer ebenso wie die eigenen. Es beruht auf der festen Überzeugung, dass »du und ich gemeinsam« mehr erreichen können als »einer von uns allein«.

Strukturiertes Netzwerken bedeutet absichtsvolles Vernetzen

Ein Schlüsselelement dieser Form des Netzwerkens ist daher die Intentionalität (Absicht). Das bedeutet, bewusst darüber nachzudenken, mit welchen Menschen man sich vernetzen möchte und aus welchen Gründen. Anstatt ein breites Netz auszuwerfen in der Hoffnung, etwas zurückzubekommen, geht es beim Strukturierten Netzwerken darum, gezielt Personen und Gruppen zu identifizieren, deren Werte, Ziele und Interessen mit den eigenen übereinstimmen. Es geht darum, Beziehungen aufzubauen, die sinnvoll und für beide Seiten vorteilhaft sind.
So vorzugehen, erfordert ein echtes Interesse am Leben und den Karrieren anderer. Dies bedeutet, sich die Zeit zu nehmen, ihre Bedürfnisse, Herausforderungen und Bestrebungen zu verstehen und darüber nachzudenken, wie man zu ihrem Erfolg beitragen kann. Ob durch das Anbieten von Ratschlägen, das Bereitstellen von Ressourcen oder ein-

fach durch ein offenes Ohr – Strukturiertes Netzwerken wird durch Taten der Freundlichkeit und Großzügigkeit gepflegt.
In diesem Zusammenhang wird die Idee des Weitergebens besonders relevant. Indem man anderen hilft, ohne etwas im Gegenzug zu erwarten, erschafft man eine Kettenreaktion des Wohlwollens, die zu unerwarteten Gelegenheiten und Verbindungen führen kann. Dieser Ansatz stärkt nicht nur das Netzwerk, sondern baut auch einen Ruf für Vertrauenswürdigkeit und Zuverlässigkeit auf (vgl. Kapitel 3).

Strukturiertes Netzwerken gelingt mit Empathie und Gegenseitigkeit

Empathie spielt eine entscheidende Rolle im Strukturierten Netzwerken. Sie ermöglicht es Menschen, sich auf einer tieferen Ebene zu verbinden, indem sie die Emotionen, Bedürfnisse und Perspektiven anderer verstehen. Empathie fördert ein Gemeinschaftsgefühl und das Gefühl der Zugehörigkeit, die wesentliche Bestandteile starker, dauerhafter Beziehungen sind. Wenn Menschen sich verstanden und wertgeschätzt fühlen, sind sie eher bereit, die Unterstützung, die sie erhalten, zu erwidern, was einen Zyklus positiver Interaktionen schafft.
Gegenseitigkeit sollte jedoch nicht als eine Quid-pro-quo-Vereinbarung betrachtet werden, die immer nur Leistung und Gegenleistung aufwiegt, sondern ist vielmehr als ein natürliches Ergebnis echter Verbindungen zu sehen. Wenn eine Person Hilfe oder Unterstützung anbietet, inspiriert dies oft andere, dasselbe zu tun, wodurch das gesamte Netzwerk gestärkt wird. Diese Art von Gegenseitigkeit basiert auf wechselseitigem Respekt und einem gemeinsamen Engagement für den Erfolg des anderen. Sie verwandelt das Netzwerken von einer eigennützigen Aktivität in eine kollaborative Anstrengung, von der alle profitieren. Wenn ich also jemandem in meinem Netzwerk helfe, so erwarte ich keine unmittelbare Gegenleistung von dieser Person,

sondern helfe in dem Vertrauen, dass auch ich über die Zeit aus verschiedenen Stellen in meinem Netzwerk Unterstützung erfahren werde.

Strukturiertes Netzwerken ermöglicht vielfältige Erfolge auf allen Ebenen

Die Ergebnisse des Strukturierten Netzwerkens gehen weit über individuelle Beziehungen hinaus. In einem breiteren Kontext trägt es zur Entwicklung von Gemeinschaften, Unternehmungen und sogar zu sozialem Wandel bei. Netzwerke, die auf Vertrauen, Empathie und einer gemeinsamen Bestimmung aufgebaut sind, sind widerstandsfähiger und effektiver bei der Bewältigung gemeinsamer Herausforderungen. Sie fördern Innovation, Zusammenarbeit und einen Geist der Kooperation, der zu transformativen Ergebnissen führen kann.

In beruflichen Umfeldern kann Netzwerken zu einer sinnvolleren beruflichen Entwicklung führen. Menschen, die durch gemeinsame Werte und Ziele verbunden sind, arbeiten eher an Projekten zusammen, die ihren Leidenschaften und ihrem Fachwissen entsprechen. Dies steigert nicht nur die Arbeitszufriedenheit, sondern führt auch zu hochwertigerer Arbeit und größerer beruflicher Erfüllung.

Darüber hinaus hat Netzwerken das Potenzial, Möglichkeiten für Mentoring und Lernen zu schaffen. Erfahrene Fachleute können Neulingen Orientierung und Unterstützung bieten, während Neueinsteigende frische Perspektiven und Ideen einbringen. Dieser Austausch von Wissen und Erfahrung bereichert das gesamte Netzwerk und macht es zu einer wertvollen Ressource für alle Beteiligten.

Strukturiertes Netzwerken hat Vorteile für alle drei Netzwerk-Rollen

Nochmal kurz zur Erinnerung: Als »Seeker« bezeichne ich die Person, die mithilfe des Netzwerkens nach einer thematischen Antwort, nach Wissen, nach einem spezifischen Kontakt, einem nächsten beruflichen Schritt u. Ä. sucht. Der »Connector« ist im Strukturierten Netzwerken ein Bindeglied zwischen Seeker und Giver (gesuchte Person). Der »Giver« wiederum hat die gesuchte Antwort auf den Suchauftrag (Task) des Seeker.

Aus der Perspektive des **Seeker** ist der Vorteil des Netzwerkens am ehesten offensichtlich. Schließlich ist er auf der Suche nach der Lösung eines Problems und hat sich entschieden, das Netzwerk um Unterstützung anzugehen. Erhält der Seeker die erhoffte Vernetzung mit einem geeigneten Giver, kann dies zur Lösung seines Problems führen. **Seeker und Giver entscheiden zusammen, ob sie den Task gemeinsam lösen.**

Aber auch für die beiden anderen Netzwerk-Rollen (Connector und Giver) bietet Netzwerken eine Reihe von Vorteilen. So lassen sich für den **Connector** z. B. folgende Vorteile realisieren. Er kann:
- dem Seeker helfen und das macht Freude (persönlicher Vorteil),
- die eigene Sichtbarkeit im Netzwerk stärken (persönlicher Vorteil),
- als erfolgreicher Connector eventuell selbst etwas verdienen (vgl. Netzwerk-Suchprämie) (persönlicher Vorteil),
- einem anderen Connector einen interessanten Netzwerk-Kontakt verschaffen (Netzwerk-Vorteil) und
- dem Giver einen relevanten Task oder einen neuen Auftrag zuspielen (Netzwerk-Vorteil).

Ebenso bietet Netzwerken auch für den **Giver** eine Reihe von Vorteilen, z. B.:

- Der Giver kann dem Seeker helfen und das macht Freude (persönlicher Vorteil).
- Er erhält Zugang zu einem potenziell relevanten Task (persönlicher Vorteil).
- Ihm erschließt sich eventuell eine neue Verdienstmöglichkeit (persönlicher Vorteil).
- Er kann die eigene Reputation als Netzwerker stärken (persönlicher Vorteil) und
- Er kann das eigene Wissen weitergeben (altruistischer Vorteil).

Strukturiertes Netzwerken entfesselt »the Power of Networking«

Ich möchte noch einmal in aller Form betonen, dass ich Menschen nur dann miteinander vernetze, wenn ich entweder dazu aufgefordert werde und/oder wenn die Vernetzung aus meiner Sicht schlüssig ist sowie wenn die Vernetzung für mindestens eine der Personen einen potenziellen Vorteil bringt. **Ich vernetze Personen nicht, um primär selbst dadurch einen Vorteil zu erhalten.**

Allerdings zeigt meine Erfahrung, dass ein aktives und regelmäßiges Vernetzen anderer Personen häufig dazu führt, dass ich selbst von anderen Personen (oft unaufgefordert) vernetzt werde. Das sind häufig Personen, die selbst Hilfe von anderen Personen im Netzwerk erhalten haben und die im Netzwerk einen realen Wert sehen. Und diese Personen, die eventuell zuvor nur als Seeker aktiv waren, werden nun zum Connector oder Giver. Über die Jahre habe ich so ein breites, spannendes und facettenreiches Netzwerk entwickeln können, in dem heute Personen sind, mit denen ich sonst nie in Kontakt gekommen wäre.

Ich habe nie eine Gegenleistung für meine Aktivitäten im Netzwerk erwartet. Aber das Erstaunliche ist, dass eine Gegenleistung irgendwann dennoch kommt – häufig aus einer ganz anderen Ecke, als man es erwartet hätte – und das ist: **the Power of Networking!**

Strukturiertes Netzwerken ist der entscheidende Boost für technologische Vernetzung

Die technologische Vernetzung, etwa durch soziale Medien, bietet eine Vielzahl von Möglichkeiten zur Kontaktaufnahme und Kommunikation. Doch allein durch diese technischen Hilfsmittel wird Netzwerken nicht automatisch erfolgreich. Eine bloße virtuelle Vernetzung schafft Verbindungen, aber keine echten Beziehungen. Erfolgreiches Netzwerken erfordert weit mehr als das Sammeln von Kontakten: Wie oben beschrieben geht es darum, authentische, vertrauensvolle Beziehungen aufzubauen, die auf gemeinsamen Interessen, Werten und Zielen basieren. Mit anderen Worten: Wir müssen das rein virtuelle, auf Technologie basierende Netzwerken in Strukturiertes Netzwerken überführen. Technische Plattformen sind nur die Werkzeuge, die den ersten Schritt der Kontaktaufnahme und die Verwaltung des Netzwerks erleichtern, aber sie ersetzen nicht die menschliche Interaktion und die persönliche Kompetenz, die nötig sind, um diese Verbindungen zu pflegen und zu vertiefen. **Denn was nutzt es, wenn ich zwar mit allen Menschen technologisch vernetzt bin, aber nicht weiß, wie ich die einzelne Person gezielt ansprechen soll?**

Die technische Plattform liefert die Infrastruktur, aber erst durch persönliche Kompetenzen wie Kommunikationsfähigkeit, Empathie und strategisches Denken entsteht der eigentliche Mehrwert des Netzwerkens.

Netzwerken erfordert also mehr als nur das Klicken auf den »Verbinden«-Button. Es erfordert Engagement, Zeit und die Fähigkeit, die digitale Verbindung in eine echte, wertschöpfende Beziehung umzuwandeln. Ohne diese Fähigkeiten bleibt die technologische Vernetzung ein ungenutztes Potenzial, das erst durch die Kunst des Netzwerkens zur vollen Entfaltung kommen kann.

Fazit

Netzwerken wandelt sich, wenn es auf dem Wunsch beruht, Menschen zu verbinden und ihnen zu helfen, von einer bloßen Strategie zum persönlichen Vorteil zu einer mächtigen Kraft des Guten. Indem Sie das Netzwerken mit Intentionalität, Empathie und dem Engagement für Gegenseitigkeit angehen, lassen sich sinnvolle Beziehungen aufbauen, die nicht nur Ihnen selbst, sondern auch Ihren gesamten Gemeinschaften zugutekommen. Netzwerken geht über das bloße Erweitern der eigenen Kontaktliste hinaus: Es geht darum, ein Netzwerk von Unterstützung, Zusammenarbeit und gemeinsamem Erfolg zu schaffen, das das Potenzial hat, positive Veränderungen in größerem Maßstab voranzutreiben. In diesem Licht ist Netzwerken nicht nur ein Mittel zum Zweck, sondern eine sinnvolle Reise des Verbindens und Beitragens.

Reflexion, Impulsfragen und Übungen zu Kapitel 2

Die folgenden Fragen sind eine Einladung an Sie, sich gezielt mit Ihren Erfahrungen zum Thema Netzwerken auseinanderzusetzen und sich Ihr eigenes Verhalten beim Netzwerken bewusst zu machen.

Beschreiben Sie einem guten Freund oder einer guten Freundin Ihre Erfahrung und Einstellung in Bezug auf das Netzwerken.

- Wie leicht oder schwer fällt es Ihnen, Netzwerk-Beziehungen aufzubauen und zu pflegen? Warum? Wie hat sich das im Laufe der Zeit für Sie entwickelt? Was war für diese Entwicklung ausschlaggebend?
- Fällt Ihnen das Ansprechen fremder Personen eher leicht oder eher schwer? Warum? Gibt es Situationen, in denen es leichter oder schwerer für Sie ist?
- Wie intentional und strukturiert betreiben Sie aktuell das Netzwerken – in Ihrem beruflichen und in Ihrem privaten Kontext?

Bitten Sie Ihre Freundin oder Ihren Freund dann, in einem Satz zusammenzufassen, wie er oder sie Ihr Netzwerkverhalten beschreiben würde.

In diesem Buch unterscheiden wir drei Netzwerk-Rollen: Seeker, Connector und Giver. Bitte denken Sie an Situationen, in denen Sie die jeweilige Rolle eingenommen haben. Seeker – weil Sie um Hilfe gebeten haben –, Connector – weil Sie andere Menschen verbunden haben –, Giver – weil Sie Hilfe gewährt haben.

- Wie viele Situationen kommen Ihnen spontan für jede Rolle ins Gedächtnis? Notieren Sie das Verhältnis.
- Versetzen Sie sich in die Situationen und Rollen hinein – wie haben sie sich angefühlt? Notieren Sie für jede Rolle die dominanten Gefühle.

- Versetzen Sie sich nochmals in die Situationen hinein, diesmal aber in die Rollen der jeweils anderen Person(en). Wie, denken Sie, haben diese sich gefühlt? Notieren Sie für jede Rolle die dominanten Gefühle.
- Vergleichen Sie Ihre Gefühle bzw. die Gefühle der anderen Personen für jede der Rollen. Was fällt Ihnen auf?

Betrachten Sie Ihre aktuellen Netzwerk-Möglichkeiten und machen Sie sich dazu Notizen.

- In welchen Strukturen, Clubs oder Organisationen haben Sie aktuell die Möglichkeit zu Netzwerken?
- Welche Plattformen, Werkzeuge oder Technologien nutzen Sie beim Netzwerken?
- Welche Netzwerk-Möglichkeiten kennen Sie noch, zu denen Sie derzeit aber noch keinen Zugang haben oder die Sie nicht aktiv nutzen?

Auf Grundlage Ihrer Ergebnisse aus den vorangegangenen Aufgabenstellungen: Wie würden Sie die folgenden Fragen für sich beantworten:

- Auf einer Skala von 0 – 100, auf der 0 das völlige Fehlen von Netzwerk-Kompetenzen bedeutet und 100 einen Netzwerk-Profi beschreibt: Wo würden Sie sich selbst einordnen?
- Und wohin würden Sie sich gerne entwickeln?

Formulieren Sie ein konkretes Ziel dafür, wie Sie Ihr Netzwerk-Verhalten in Zukunft – und mithilfe dieses Buchs – gestalten wollen (die »Vision« für Ihre Entwicklung als Netzwerker und Netzwerkerin).

3. Überblick – die fünf Bausteine des Netzwerkens

Die Grundbausteine des Netzwerkens bestehen aus dem Task (dem Suchauftrag), den oben schon erwähnten drei Netzwerk-Rollen – Seeker, Connector und Giver – sowie der eigenen Marke, die die Positionierung im Netzwerk prägt. In diesem Kapitel möchte ich Ihren Blick für die zentralen Komponenten des Netzwerkens schärfen.

Task	→	»Suchauftrag des Seeker«
Seeker	→	»Ich suche etwas.«
Connector	→	»Ich kann vernetzen.«
Giver	→	»Der Seeker sucht mich.«
Eigene Marke	→	»Wer bin ich / wofür stehe ich?«

Abb. 3.1: Grundbausteine des Netzwerkens und ihre Zusammenhänge

Task: Worum geht es?

Ein Task ist der Suchauftrag eines Seeker. Er beschreibt dessen Suche nach einem Kontakt, einem Ergebnis, einem Input, einer Person, nach Wissen, Information, einer Lösung o. Ä. Ein Task kann entweder in schriftlicher oder in mündlicher Form übermittelt werden. Im Idealfall ist der Suchauftrag so formuliert, dass ein Connector oder ein Giver den Task genau versteht. Dazu braucht es folgende Informationen:

1. Wer ist der Seeker?
2. Was genau sucht er? (Je konkreter die Beschreibung, desto höher die Chance auf Erfolg.)
3. Welchen eventuellen Vorteil könnten Connector oder Giver durch den Task erhalten?
4. Gibt es eventuell eine Belohnung für eine erfolgreiche Vernetzung (vgl. Netzwerk-Suchprämie)?
5. In welchem Zeitrahmen sollte der Task beantwortet werden?

Je klarer ein Task ist, desto höher die Chance, dass der Task dem Seeker zum Erfolg verhilft.

Wie also kann der Seeker die Klarheit des eigenen Tasks gewährleisten? Wie stellt er sicher, dass der Task optimal formuliert ist und dass das Risiko eines Missverständnisses auf ein Minimum reduziert wird?

Aus Sicht des Seeker empfiehlt es sich, den Task aufzuschreiben, denn das schriftliche Formulieren hilft dabei, die eigenen Gedanken zu manifestieren und zu strukturieren und den Suchauftrag zu konkretisieren und zu präzisieren.

Für den einen oder anderen Leser mag sich die Empfehlung, den Task schriftlich auszuformulieren, pedantisch oder unnötig anhören. Aber die Gegenüberstellung eines starken und eines schwachen Beispiels für die Formulierung eines Tasks (s. folgende Tabelle) und das danach geschilderte Beispiel zeigen, wie wichtig diese Empfehlung sein kann.

	Starkes Beispiel	**Schwaches Beispiel**
Wer bin ich und was mache ich (insbesondere bei Jobsuche)?	Mein Name ist XY, ich bin zertifizierter Projektleiter in der chemischen Industrie.	Mein Name ist XY, ich bin verheiratet und habe zwei Kinder.
Wonach genau suche ich? Was ist das Ziel der Suche?	Ich suche den Kontakt zu einer Führungskraft in der Firma ABC in der chemischen Industrie. Ich bin in der beruflichen Neuorientierung und würde deshalb gern mehr über die Firma ABC erfahren.	Ich suche einen neuen Job, am liebsten in der Firma ABC.
In welchem Zeitrahmen suche ich?	Gern würde ich den Kontakt innerhalb der kommenden zwei Wochen erhalten und dann ansprechen.	Es wäre toll, bei Gelegenheit mit jemandem dort sprechen zu können.
Warum lohnt es sich, mir zu helfen?	Gern erwidere ich bei Gelegenheit den Gefallen.	Ich weiß jede Hilfe wirklich sehr zu schätzen.

Tab. 3.1: Veranschaulichung einer starken vs. einer schwachen Formulierung eines Tasks

Beispiel: Stille Post

Im Jahr 2022 sprach mich eine Person an, die im Begriff war, eine Zusatzausbildung zu beenden. Diese Person bat mich um Unterstützung mit den Worten: »Ich suche einen Kontakt in der Schweizer Uhrenindustrie.« Ich bat die Person, mir ihr Anliegen im Detail zu erklären, denn ich verstand nicht, nach welcher Art Kontakt die Person wirklich suchte. Es konnte ja nicht sein, dass einfach irgendeine Person in der Schweizer Uhrenindustrie in Frage kommen würde. Es stellte sich heraus, dass der Seeker als Teil seiner Ausbildung eine Abschlussarbeit über die Schweizer Uhrenindustrie schrieb. Im Kern dieser Arbeit hatte die Person die Hypothese aufgestellt, dass innerhalb der kommenden 15 Jahre alle Schweizer Uhren digital werden würden. Die Person wollte diese

Hypothese mit einem Experten aus der Schweizer Uhrenindustrie diskutieren.
Damit wird klar, dass die Anfrage, die ursprünglich an mich herangetragen worden war, nicht zielgerichtet war. Der Seeker hatte weder den Hintergrund der eigenen Suche beschrieben noch das Profil des möglichen Giver in irgendeiner Form konkretisiert. Die Chancen auf Erfolg gingen somit in Richtung null. Ganz anders verhielt es sich mit der überarbeiteten Formulierung des Tasks: »Ich suche für die Verifizierung der Kernhypothese meiner Abschlussarbeit den Kontakt zu einem Experten, mit dem ich über Digitalisierung in der Schweizer Uhrenindustrie sprechen kann.«
Mit diesem neu formulierten Task konnte ich als Connector aktiv werden. Ich verstand den Sinn und Zweck des Tasks und konnte mein eigenes Netzwerk gezielt und mit Erfolg ansprechen – es kam zu einem fruchtbaren Gespräch mit einem passenden Experten aus der Schweizer Uhrenindustrie.

Fazit: Aus Kindertagen werden sich manche von Ihnen an das Spiel »Stille Post« erinnern. Das Spiel beginnt mit einer Botschaft, die von der ersten an die zweite teilnehmende Person mündlich und im Flüsterton übermittelt wird. Daraufhin gibt die zweite Person die Information, die sie vermeintlich verstanden hat, an die nächste weiter, bis der letzte Spieler bzw. die letzte Spielerin erreicht ist. Sehr zur Freude aller am Spiel Teilnehmenden hat die Nachricht, die bei der letzten Person ankommt, meist kaum mehr etwas mit der ursprünglichen Nachricht gemein.
Das bedeutet: Auch wenn ein Task dem Seeker klar und logisch erscheint – er entspringt schließlich den eigenen Gedanken –, so muss dies noch lange nicht für die anderen Mitglieder des Netzwerks gelten. Mögliche Connectors und Givers haben eine andere Perspektive und somit auch keine Vorstellung über die genauen Absichten des Seeker. Außerdem haben ein Connector und ein Giver wahrscheinlich nur begrenzt Lust und Zeit, die fehlende Klarheit eines Tasks durch eigene

Gedanken und die eigene Vorstellungskraft zu komplettieren. **Nur ein präzise formulierter Task führt zum Ziel.**
Um einen Task zu überprüfen und zu optimieren, empfehle ich die Beantwortung von drei aufeinander aufbauenden Fragen, die dem Erfolg eines Tasks einen erheblichen Auftrieb geben und ihn maximieren kann:

Frage 1: Wenn ich auf meinen Task eine Antwort erhalte, wird mir diese Antwort helfen?

- Wenn die Antwort »ja« lautet, gehen Sie zu Frage 2.
- Wenn die Antwort »nein« lautet, überarbeiten Sie diese Task-Version so lange, bis die Antwort positiv ausfällt.

Frage 2: Wenn ich der Connector oder der Giver wäre, würde ich diesen Task verstehen?

- Wenn die Antwort »ja« lautet, gehen Sie zu Frage 3.
- Wenn die Antwort »nein« lautet, überarbeiten Sie diese Task-Version, bis die Antwort positiv ausfällt.

Frage 3: Kann ich aus der jetzt vorliegenden Version meines Tasks einzelne Worte streichen, um den Task zu kürzen, ohne den Sinn zu verfälschen?

- Wenn die Antwort »ja« lautet, empfiehlt sich die Verkürzung des Tasks.
- Wenn die Antwort »nein« lautet, ist der Task fertig und kann verwendet werden.

Bei der Formulierung des Tasks kann der Einsatz von Künstlicher Intelligenz helfen, die eigene Formulierung zu erstellen, zu schärfen und ggf. zu kürzen; ein KI-Tool einzusetzen, kann also sehr nützlich sein. Um den Task mithilfe eines KI-Tools zu formulieren, braucht es einen »Prompt« (eine Eingabeaufforderung oder ein Befehl an eine Künstliche Intelligenz, um eine bestimmte Reaktion oder Aktion auszulösen). Der Befehl sollte klar benennen, welches Ziel Sie verfolgen – etwa den Kontakt suchen zu einem Experten oder einer Expertin (als Connector oder Giver) in einem bestimmten Bereich. Er sollte auch unbedingt den Kontext und relevante Details enthalten, wie Branche, Region oder Art der gewünschten Verbindung, um präzise Suchergebnisse oder Handlungsvorschläge zu erzielen.

Ein Beispiel: Ich suche den Kontakt zu einer Bildungsexpertin im deutschsprachigen Raum, mit der ich eine Zusammenarbeit anstrebe. Der Prompt könnte dann in etwa so aussehen:

»Ich möchte mit einer erfahrenen Projektmanagerin in einem deutschsprachigen Bildungsinstitut Kontakt aufnehmen und sie für eine Zusammenarbeit gewinnen. Ich plane, mein bestehendes Netzwerk – und möglicherweise die Netzwerke meiner Kontakte – zu nutzen, um diese Person zu finden und zu kontaktieren. Unterstütze mich wie ein Coach dabei, eine klare, präzise Beschreibung dessen zu formulieren, was ich von meinen Kontakten brauche. Stelle mir gezielte Fragen und hilf mir, diese Beschreibung so zu verfeinern, dass sie meinen Kontakten die Informationen liefert, die sie brauchen, um mir möglichst effektiv zu helfen.«

Durch mehrere Iterationen wird der Prompt immer präziser, d. h. Sie prüfen das Ergebnis, also den Output der KI, und verfeinern Ihre Anweisung anhand der Lücken, die Sie noch feststellen.

Je kürzer ein Task ist, desto eher wird er verstanden, weitergegeben und gelöst.

Denken Sie als Seeker daran, dass die Aufmerksamkeitsspanne anderer Mitglieder im Netzwerk begrenzt ist. Ein kurzer Task ist daher besser als ein langer Task. Dies gilt umso mehr, als er ja wahrscheinlich nicht nur von einem Seeker direkt zu einem Giver übertragen wird. In vielen Fällen wird er über einen oder mehrere Connectors weitergereicht und muss daher auch Personen, die den Seeker nicht kennen (oder ihm vielleicht keine direkte Rückfrage stellen können oder wollen), genug Orientierung geben. **Je länger die Netzwerk-Kette, desto wichtiger werden Kürze und Präzision des Tasks, am besten in Schriftform.**

Deep Dive: Seeker, Connector und Giver

Nun vertiefen wir die Charakterisierung der drei Netzwerk-Rollen.

Seeker: der oder die Suchende

Der Seeker sucht nach einer Antwort auf eine drängende Frage, nach Wissen, nach einem spezifischen Kontakt, einem nächsten beruflichen Schritt u. Ä. Eine im Netzwerken ungeübte Person mag das eigene Problem lieber im Alleingang lösen, als um Hilfe zu bitten, denn dies wird von vielen Menschen als Zeichen der Schwäche empfunden. Aus dieser Empfindung heraus handelt die Person lieber (häufig erfolglos) allein als (erfolgreich) zusammen (vgl. Das eigene Mindset). Doch – Sie erinnern sich – **keiner gewinnt allein!**

Sollte sich der Seeker dazu entschließen, die eigene Suche nicht im Alleingang, sondern mithilfe von Netzwerken anzugehen, kann er seine Erfolgschancen auf einfache Weise steigern. Im ersten Schritt sollte er sein eigenes Netzwerk durchforsten, um eventuell einen oder gleich mehrere geeignete Kontakte zu finden, die bei der Bewältigung des Suchauftrags (vgl. Task) am besten helfen könnten. Dabei sind die folgenden Fragen nützlich:

- Kenne ich persönlich die richtige Person?
- Weiß ich, wer die richtige Person sein könnte, und kenne ich jemanden, der mich mit ihr vernetzen kann?
- Kenne ich jemanden, der mir dabei helfen kann, die richtige Person zu identifizieren?

Bei der gezielten Suche nach geeigneten Kontakten hilft oft schon der Blick ins eigene Adressbuch bzw. in die eigenen Kontaktlisten, egal ob analog oder digital, ob auf dem Smartphone oder in den sozialen Medien. Sollte der Seeker eine mögliche erste Spur im eigenen Netzwerk gefunden haben, geht es dann im nächsten Schritt um die gezielte Ansprache. Die Ansprache ist dabei abhängig von der Einordnung der Stärke und Qualität des Kontakts (vgl. Netzwerk-Stärke).

Je enger die bestehende Beziehung zu einem ersten Kontakt, desto direkter und formloser kann die Ansprache erfolgen.
Sollte der Seeker durch die Analyse des eigenen Netzwerks keine erste Spur erhalten, ist das kein Hindernis für Strukturiertes Netzwerken. Er kann in diesem Fall dem eigenen Erfolg auf die Sprünge helfen und mehr oder weniger zufällig die eigenen Kontakte ansprechen, um über deren Ideen und Netzwerke die erste heiße Spur zu finden. Das heißt, dass der Seeker nicht direkt nach einem Giver sucht, sondern nach einem Connector. **Netzwerken ist (auch) ein Zahlenspiel – je mehr Personen gezielt angesprochen werden, desto höher sind die Erfolgsaussichten.**

Der Seeker sollte bei der Auswahl des Connector darauf achten, dass dieser weiß, wie er den Seeker am besten unterstützen kann. Dazu bringt er bei dem möglichen Connector in Erfahrung, ob dieser bei der Weitervermittlung einer Kontaktanfrage oder eines Tasks schon Erfahrung hat, fragt also taktvoll danach, wie »geübt« der Connector ist. Der Seeker sollte außerdem den Connector darauf ansprechen, wie stark seine Verbindung zum nächsten Netzwerk-Kontakt ist. Sollte der Connector keine oder wenig Übung im Netzwerken haben bzw. eher eine schwache Verbindung zum nächsten Kontakt, so kann der Seeker ihm dabei helfen, auf Basis der im Kapitel »Netzwerk-Stärke« dargestellten Herangehensweise eine gute Auswahl und Ansprache des passenden Netzwerk-Kontakts zu treffen.
Bislang haben wir immer von einem Seeker und einem Connector gesprochen, die miteinander in Kontakt treten. Natürlich muss sich der Seeker nicht auf einen einzigen Connector beschränken. Ganz im Gegenteil: Ich empfehle, dass er mehrere Connectors anspricht, um so in ganz unterschiedliche Netzwerke vorzustoßen. So kann der Seeker die Chancen auf Erfolg potenzieren. Hierbei ist wichtig, dass er bei jedem einzelnen Connector die genau gleiche Klarheit der eigenen Positionierung und des Tasks anwendet.

Connector: das Bindeglied

Der Connector spielt beim Netzwerken oftmals die entscheidende Rolle, denn er oder sie ist das Bindeglied zwischen Seeker und Giver. Er selbst hat nicht die gesuchte Antwort auf den Suchauftrag des Seeker, kann aber eine Verbindung im eigenen Netzwerk herstellen und dadurch die Chancen auf Lösungsfindung für den Seeker steigern.

Der Connector wird entweder von einem Seeker direkt angesprochen oder von einem anderen Connector. Entweder kennen sich Connector und Seeker also bereits, oder die beiden werden miteinander durch eine dritte Person (weiteren Connector) vernetzt.

Bedarf es mehr als eines Connector, um den Seeker mit dem Giver zu vernetzen, spreche ich von einer Netzwerk-Kette.

Nach der Ansprache durch den Seeker sollte sich der Connector durch die Auseinandersetzung mit einer Reihe von Fragen Orientierung verschaffen:

- Habe ich verstanden, wer der Seeker ist?
- Habe ich verstanden, warum ich angesprochen wurde?
- Kann ich den Seeker einem Netzwerk-Kontakt vorstellen?
  - Kann ich mir vorstellen, den Seeker weiter zu vernetzen?
  - Wenn nein, was benötige ich vom Seeker noch, um ihn zu vernetzen?
- Habe ich den Task richtig verstanden?
- Kenne ich den vom Seeker gesuchten Giver persönlich?
  - Wenn ja, wie gut?
  - Wenn nein, kenne ich eine Person, die den Seeker näher an den gesuchten Giver heranführen könnte?
  - Wenn nein, sollte ich das dem Seeker mitteilen.

Menschen, die nicht genau wissen, wie sie helfen sollen, tun oft lieber nichts als das Falsche. Je direkter und persönlicher die Verbindung des Connector zum nächstfolgenden Kontakt (Connector oder Giver) ist, desto gezielter und eindringlicher kann die Ansprache des Connector sein (vgl. Netzwerk-Stärke).

Der Einfluss des Connector auf den Erfolg des Seeker ist nicht zu unterschätzen. Er ist insbesondere dann erheblich, wenn der Connector nicht nur einmalig eine Verbindung herstellt, sondern auch die Umsetzung dieser Vernetzung im Auge behält, um sicherzustellen, dass die eigene Mitwirkung nicht im Sande verläuft und so auch die eigene Marke geschützt wird.
Sollte der Seeker keine Antwort vom Giver (oder vom nächsten Connector in der Netzwerk-Kette) erhalten, sollte der Seeker nach einer Weile (z. B. ein bis zwei Wochen) entweder persönlich oder über den letzten Connector beim Giver nachfassen. **Das Monitoring der weitergeleiteten Netzwerk-Anfrage ermöglicht auch dem Connector die Stärkung der eigenen Vernetzung.**

Giver: der oder die das Problem Lösende

Die dritte Netzwerk-Rolle nennen wir »Giver«. Dies ist die vom Seeker gesuchte Person – der Wissensträger, der Kandidat, die Schlüsselperson, die Problemlöserin o. Ä.
Idealerweise ist der Giver im eigenen Netzwerk über eine Reihe von Attributen bekannt und kann so schneller und gezielter gefunden und angesprochen werden. Hierzu gehören u. a. diese Attribute (vgl. Die eigene Marke):

- Fähigkeiten
- Kenntnisse
- Erfahrungen
- Rollen/Positionen
- Werdegang
- berufliche Erfolge
- Reputation

In den meisten Fällen kennen sich Seeker und Giver (noch) nicht. Erst durch den richtigen Connector finden beide zusammen und können dann ein bislang nur theoretisches Potenzial realisieren und Mehrwert schaffen.

Nach einer Ansprache durch den Connector muss der Giver zunächst verstehen, warum ihn der Connector angesprochen hat. Hierbei ist die Klarheit des Tasks von entscheidender Bedeutung. Je klarer der Task formuliert ist, desto leichter fällt es dem Connector, den Giver anzusprechen, und desto schneller kann der Giver reagieren.
Neben der Klarheit des Tasks ist die Stärke bzw. die Qualität der Beziehung zwischen Connector und Giver entscheidend. Auf diese Beziehungsstärke gehe ich an einer späteren Stelle des Buchs noch genauer ein (vgl. Netzwerk-Stärke). Um zu entscheiden, ob er den Task beantworten kann und will, können dem Giver diese Fragen helfen:

- Bin ich wirklich die gesuchte Person?
- Kenne ich in meinem Netzwerk eventuell jemanden, der noch besser zu dem Task passt?
- Was habe ich davon, dem Seeker zu helfen?
- Hat meine Unterstützung für den Seeker irgendeine relevante (oder nicht-relevante) Auswirkung für mich?
- Was wäre, wenn ich nicht reagierte?
- Wie wichtig ist es dem Connector, dass ich aktiv werde?
- Will ich den Task überhaupt beantworten?

Ich habe in meiner Rolle als Netzwerk-Trainer in den letzten Jahren häufig die Frage von meinen Klienten und Klientinnen gehört, warum einige potenzielle Giver nicht auf die Ansprache reagieren. Der Seeker ist davon überzeugt, alles richtig gemacht zu haben – und trotzdem reagiert der Giver nicht. So eine »Nicht-Reaktion« des Giver kann u. a. die folgenden Ursachen haben:

- Der Giver versteht den Task nicht richtig.
- Der Giver erkennt den Mehrwert nicht, den der Task für den Seeker oder für ihn selbst bietet (vgl. Vorteile des Netzwerkens für alle drei Netzwerk-Rollen).
- Der Giver wurde vom Connector falsch oder irreführend angesprochen.
- Der Giver ist in Netzwerk-Aktivitäten ungeübt.

- Der Giver tendiert dazu, eher die Risiken als die Chancen einer Unterstützung zu sehen.

Erfahrungsgemäß ist es so, dass der Giver umso eher bereit und in der Lage ist zu helfen, je besser Seeker und Connector die obenstehenden Fragen beantwortet und damit ihre Rollen erfüllt haben. Vorbereitung lohnt sich!

Die eigene Marke: Wofür stehe ich?

In der heutigen vernetzten Welt ist die »eigene Marke« ein wichtiges Unterscheidungs- und Positionierungskriterium, um bestmöglichen beruflichen Erfolg zu erzielen. Dabei geht es darum, eine einzigartige Identität und ein konsistentes Image für sich selbst in beruflichen und sozialen Umfeldern zu schaffen, die die eigenen Stärken, Werte und Ziele betonen. Wichtig dabei ist, dass die eigene Marke eine holistische Darstellung der eigenen Person ist, die sowohl berufliche als auch nicht-berufliche Aspekte enthält. Je nach Kontext stehen dann verschiedene Aspekte der eigenen Marke stärker im Vordergrund (bei der Jobsuche z. B. rücken berufliche Aspekte stärker in den Vordergrund als soziale, auch wenn letztere nicht völlig ausgeblendet werden).
Nach den bisherigen Ausführungen zur Bedeutung des Strukturierten Netzwerkens und zum überlegten Vorgehen in den Netzwerk-Rollen wird es wohl niemanden überraschen, dass auch die eigene Marke durch die eigene Netzwerk-Aktivität entscheidend beeinflusst und geformt wird. Vielfältige Kontakte erweitern den eigenen Horizont, steigern den Bekanntheitsgrad und bieten Entwicklungsmöglichkeiten. Jeder Netzwerker kann – und sollte! – in allen drei Netzwerk-Rollen (Seeker, Connector, Giver) aktiv sein. Dabei stärken Häufigkeit, Struktur und Präzision der Netzwerkaktivität die Sichtbarkeit und Relevanz im eigenen Netzwerk.

Die Klarheit der eigenen Marke

Im ersten Schritt auf dem Weg zur eigenen Marke empfehle ich Ihnen, sich über die Beantwortung der folgenden Fragen mehr Klarheit über diese Marke zu verschaffen:

- Was habe ich gelernt (Ausbildungsstand)?
- Auf welchem Gebiet habe ich Expertenwissen (Wissensstand)?
- Auf welchem Gebiet habe ich spezifische Fähigkeiten/Fertigkeiten?
- Mit welchen persönlichen oder beruflichen Attributen würden mich andere Personen beschreiben?
- Was unterscheidet mich von anderen Personen, die einen ähnlichen akademischen und/oder beruflichen Werdegang haben?
- Wo habe ich gearbeitet und in welchen Rollen (Berufserfahrung)?
- Welche Resultate habe ich vorzuweisen (Leistungsmerkmale)?
- Worauf bin ich stolz (Erfolge)?
- Woher weiß mein Netzwerk, zu welchen Themen ich angesprochen werden kann?

Im zweiten Schritt auf dem Weg zur eigenen Marke empfehle ich, dass Sie aus den Antworten zu den obigen Fragen einen kurzen und knackigen »Slogan« destillieren. Ein Beispiel:

»Ich bin Start-up-Unternehmer mit Exit-Erfahrung.« (Zitat eines Klienten)

Ein solcher Slogan kann dann sowohl auf physischen Netzwerk-Events beim Kennenlernen als auch auf sozialen Netzwerkplattformen online verwendet werden. Die regelmäßige Wiederholung verschafft dem eigenen Slogan einen Wiedererkennungswert und stärkt die eigene Marke. Weitere »gute« Beispiele für einen solchen Slogan sind etwa:

»Ich bin Projektleiterin in der Lebensmittelbranche im Bereich der Vermarktung neuer Produkte.«

»Ich bin Geschäftsführer in kleineren und mittleren Unternehmen (KMU) in der metallverarbeitenden Industrie mit Schwerpunkt auf Firmen, die durch Private Equity (privates Beteiligungskapital) gehalten werden.«

»Ich bin Erwachsenen-Ausbilderin und spezialisiert auf den Bereich der beruflichen Neuorientierung.«

Ich selber beschreibe meine Marke meist so: *»Ich bin ein Netzwerk-Unternehmer, Speaker und Buchautor mit der Mission, Netzwerken zu einer wahren Superkraft zu machen.«*

Die Idee hier ist es, anderen Personen ein klares, unmissverständliches Bild der eigenen professionellen Positionierung zu geben. Im besten Fall enthält ein Slogan gleich mehrere »Hooks«, also »Haken«, mit denen Sie – dezent, aber wirksam – nach Reaktionen »fischen« und Ihr Gegenüber zu Fragen herausfordern.

Die Wirksamkeit von Social Media

Fast jeder besitzt heute ein Social-Media-Profil oder sogar mehrere. Dort werden in der Regel Aspekte der eigenen Ausbildung oder Karriere aufgeführt. Die Existenz eines solchen Profils dient häufig als Beweis für die eigene Netzwerk-Aktivität. Allerdings bringen Online-Profile oft keinen oder nur geringen Nutzen, denn die eigene Marke ist entweder unklar und missverständlich (und wird auch so präsentiert), und/oder der oder die das Profil Besitzende ist als Netzwerker inaktiv bzw. unstrukturiert unterwegs.

Im Hinblick auf die Wertschöpfung ergeben sich hier drei potenzielle Gefahren und eine Erfolgsstrategie (vgl. Abbildung 3.2):

1. Es liegt auf der Hand, dass **kein Wert** entstehen kann, wenn meine eigene Marke im dargestellten Profil unklar ist und meine Netzwerkbemühungen unstrukturiert oder nicht vorhanden sind.
2. Und wenn meine eigene Marke im dargestellten Profil unklar ist, dann produziert strukturierte Netzwerk-Aktivität bestenfalls eine **zufällige Wertschöpfung**. Man kann es sich so vorstellen: Wenn ich nicht weiß, wer ich bin und wonach ich suche, dann kann ich mich noch so sehr um Kontakte bemühen, ich werde nur per Zufall Menschen finden, die mir weiterhelfen können. Oder wie der Volksmund es ausdrückt: »Ohne Ziel ist kein Weg der richtige.«

3. Im umgekehrten Fall, wenn meine Marke klar (dargestellt) ist, ich aber nicht oder nur unstrukturiert netzwerke, dann bleibt der **Wert des Netzwerks ungenutzt**. Natürlich kann es sein, dass jemand auf mein Online-Profil stößt und mich auf gut Glück kontaktiert oder dass ich auf einem Netzwerk-Anlass per Zufall einen interessanten Kontakt kennenlerne. Allerdings bleibt auch hier der Zufall ausschlaggebend und der geschaffene Wert begrenzt.
4. Das bedeutet: Ein Netzwerk kann nur dann seinen **optimalen Wert** entfalten, wenn die netzwerkende Person sowohl für die Klarheit der eigenen Marke sorgt als auch aktiv und strukturiert in Erscheinung tritt. Die Erfolgsstrategie ist also Strukturiertes Netzwerken mit einer klaren Marke.

Abb. 3.2.: Wertschöpfungspotenzial in Abhängigkeit von der eigenen Marke und der Netzwerk-Aktivität

Die Formel für ein gelungenes Social-Media-Profil

Für ein gelungenes Social-Media-Profil, das auf die Konsistenz und die Wirkung der eigenen Marke einzahlt, können Sie sich an folgender Formel orientieren:

[Berufsbezeichnung] + [Spezialisierung/Branche] + [Nutzen oder Ergebnis]

Die folgenden Beispiele zeigen, wie sich die Formel mit Erfolg anwenden lässt:

- Strategischer Marketingberater | B2B-Leadgenerierung | Ich helfe Tech-Unternehmen, sichtbar zu wachsen.
- HR-Expertin | Recruiting & Employer Branding | Ich finde Talente, bevor sie suchen.
- Digital Transformation Leader | Fokus: Mittelstand | Brücke zwischen Tradition & Zukunft
- Data Scientist | Predictive Analytics | Turning Data into Decisions

Der gelungene »Über mich«-Text

In einem gelungenen »Über mich«-Text ist es das Ziel, zu zeigen, wer Sie sind, was Sie tun (und für wen) und was Sie motiviert. Dabei sollten Sie möglichst Persönlichkeit UND Kompetenz beweisen. Vermeiden Sie darum Worthülsen und versuchen Sie zwischendurch immer wieder einen kleinen Perspektivenwechsel mit Blick darauf, ob Sie die Informationen für die Lesenden verständlich darstellen.

Hilfreich ist die folgende Struktur:

1. ein kurzer Einstieg: Was machen Sie aktuell?
2. eine kurze Beschreibung Ihrer Purpose oder Leidenschaft: Was treibt Sie an?
3. die Information, für wen Sie arbeiten – und mit welchem Ziel
4. ein kurzer Blick auf Ihre Stärken und Erfolge

sowie

5. ein »Call to Action«

Dazu zwei kurze Beispiele:

A. Der Marketingstratege

1. Als Marketingstratege mit mehr als zehn Jahren Berufserfahrung helfe ich B2B-Unternehmen dabei, komplexe Produkte verständlich und begehrenswert zu machen.
2. Meine Leidenschaft liegt im strategischen Storytelling, d. h., ich übersetze technische Features in klare Kundennutzen und stärke so Marken nachhaltig.

3./4. Ob als externer Berater oder Sparringspartner im Unternehmen: Ich habe in der Vergangenheit bahnbrechende Marketingkampagnen entwickelt und möchte auch weiterhin dort einen wirtschaftlichen Mehrwert schaffen, wo Neues entsteht.

5. Du brauchst frische Impulse für Deine Markenpositionierung? Schreib mir gern.

B. Die IT-Freelancerin

1. Ich arbeite als Full-Stack-Entwicklerin mit Fokus auf skalierbaren Webanwendungen – von MVP bis Enterprise-Architektur.
2. Ich liebe sauberen Code, agiles Arbeiten und Projekte, bei denen Technik wirklich etwas verändert.

3./4. Mein Branchenfokus liegt auf und meine Stärken liegen in E-Commerce, SaaS und FinTech.

5. Ich bin offen für neue Projekte – am liebsten remote oder hybrid. Kontakt? Einfach per DM.

Durch berufliche Leistungen und private Aktivitäten verändert sich die eigene Marke zwangsläufig und fortwährend. Es ist daher sinnvoll, auch die Weiterentwicklung der eigenen Marke im Auge zu behalten, sie aktiv anzupassen und gezielt zu fördern. Ich empfehle Ihnen, sich sowohl mit den derzeitigen Elementen der eigenen Marke bewusst auseinanderzusetzen als auch die künftige Ausrichtung der eigenen Marke wie oben beschrieben in regelmäßigen Abständen zu reflektieren.

Zusammenhänge zwischen den Bausteinen des Netzwerkens

Strukturiertes Netzwerken bedeutet die aktive Ausübung der drei Netzwerkrollen – Seeker, Connector und Giver. Nur ein aktiver Netzwerker, der als Seeker mit einem klaren Task an das Netzwerk herantritt oder der als Connector aufgrund eines klaren Task Vernetzungen herstellt bzw. als Giver zur Lösung eines klaren Task beiträgt, schafft für sich und andere Menschen den größtmöglichen Mehrwert. Die Klarheit der eigenen Marke trägt in allen drei Rollen dazu bei, den Task im Netzwerk so zu präsentieren, dass Seeker und Giver sich erkennen und finden können – wenn nötig über einen oder mehrere Connectors.

Gleichzeitig macht aktives Strukturiertes Netzwerken die eigene Marke wertvoller. Je mehr man sich im Netzwerk als Seeker, Connector und Giver mit klaren Tasks und hilfreichen Verbindungen positioniert, umso mehr wird die eigene Marke wahrgenommen und geschärft. Und so liegt der Schluss nahe, dass Wertschöpfung und Markenentwicklung u. a. davon abhängen, dass man einen Wert für andere schafft.

Dies ist ein klassisches Beispiel für Zirkularität und Abhängigkeiten in sozialen Strukturen. Ich habe diese Wechselwirkung selbst und bei anderen vielfach erlebt, wenn Personen aus meinem Netzwerk zunächst als Connector oder Giver anderen geholfen haben und dann zu einem späteren Zeitpunkt mit einem Task als Seeker an das Netzwerk herangetreten sind – und dann durch andere Personen strukturiert dabei Hilfe erfahren haben, den eigenen Task zu lösen.

Wie wir später sehen werden (vgl. Bankkonto), funktioniert dies jedoch auch andersherum. Man kann auch als Seeker mit einem klaren Task ein Netzwerk aufbauen und nutzen, zu dem man später als Connector und Giver beiträgt.

Diese Zusammenhänge illustriert das folgende Beispiel.

Beispiel: Zum kompetenten Gastredner in 20 Minuten

2020 erhielt ich die Anfrage, einen Gastredner für einen großen Kundenkongress zu finden. Diese Person sollte am besten von der Westküste der USA kommen und als Unternehmer oder Vordenker über eine internationale Reputation verfügen. Ich erinnerte mich daran, dass ein Freund in Kalifornien, den ich in der Vergangenheit bereits mehrfach mit für ihn entscheidenden Kontakten vernetzt hatte, einen prominenten Autor kannte, der gemeinsam mit einem der größten damals bekannten Unternehmer ein Buch geschrieben hatte. Ich schrieb meinem Freund eine E-Mail mit der Frage, ob er mich mit diesem Autor vernetzen könne. Innerhalb von zehn Minuten hatte ich nicht nur ein Antwortschreiben in meiner Mailbox, sondern war mit dem Autor direkt verbunden. Ich antwortete auf die E-Mail meines Freundes mit ein paar Dankesworten und sprach in der gleichen Mail den Autor an, ob er gegebenenfalls als Gastredner für den Kundenkongress zur Verfügung stehen würde. Wiederum innerhalb von zehn Minuten erhielt ich eine Antwort des Autors mit dem Vorschlag, sich eine Stunde später in einer Videokonferenz zu treffen. In der Videokonferenz erzählte ich von den Anforderungen und Wünschen an den Gastredner und erhielt spontan die Zusage des Autors, sich virtuell bei dem Kundenkongress zuschalten zu lassen.

Ich war begeistert von dem unmittelbaren Erfolg meiner Suche, wusste aber, dass eine schwierige Frage noch im Raum stand – die nach der Gage des Erfolgsautors. Glücklicherweise erwiderte er spontan, dass er keinerlei Gage erwarte, ich sei ja schließlich der Freund eines Freundes. Allerdings wollte ich nicht als kleinlich oder als Geizhals erscheinen und fragte erneut, wie hoch die Gage sei – wir hätten schließlich ein Budget zur Verfügung. Der Autor nannte daraufhin eine hohe fünfstellige Dollarsumme, die er normalerweise für solche Vorträge erhalten würde. Ich gab mich daraufhin kleinlaut mit dem Angebot eines Gratisvortrags zufrieden und dankte ihm. Wie der Zufall es wollte, ergab sich im Netzwerk des Organisators des Kundenkongresses etwa ein halbes Jahr später die Gelegenheit, diesen Autor mit einem europäischen

Großkonzern zu vernetzen, der den Autor zu einem großen internen Vortrag einlud und die entsprechende Gage zahlte.

Das Beispiel zeigt: Seeker, Connector und Giver sind nicht nur auf der menschlichen Ebene miteinander verbunden, sondern auch auf der wirtschaftlichen Ebene der Wertschöpfung. **Strukturiertes Netzwerken löst Probleme und schafft Win-win-Situationen. Besonders erfolgreiche Menschen wissen das. Sie sind daher häufig die unkompliziertesten Netzwerk-Partner. Also: Keine Scheu vor großen Namen!**

Reflexion, Impulsfragen und Übungen zu Kapitel 3

Die folgenden Übungen sollen Sie dazu einladen, sich gezielt mit Ihren Erfahrungen zum Thema Netzwerken auseinanderzusetzen.

Übung 1: Die eigene Marke reflektieren

Zur Erinnerung: Bei dem Konzept der eigenen Marke geht es darum, dass Sie für sich selbst in beruflichen und sozialen Bereichen eine einzigartige Identität und ein konsistentes Image schaffen und dabei die eigenen Stärken, Werte und Ziele betonen.
Die Beantwortung der folgenden Fragen ist dafür hilfreich:

- Was sind meine Stärken?
  Denken Sie hier an vergangene Erfolge und wie Sie diese erreicht haben. Wie hat Ihre Ausbildung, Ihre Erfahrung, Ihre Sozialkompetenz o. Ä. dazu beigetragen? Aus den Antworten können Sie Ihre Stärken ableiten.
- Welche Werte treiben mich an?
- Welche Ziele verfolge ich beruflich?
  Schreiben Sie Ihre drei wichtigsten Ziele auf. Wie hängen diese mit Ihren Werten zusammen?
- Welche Ziele verfolge ich privat?
  Schreiben Sie Ihre drei wichtigsten Ziele auf. Wie hängen diese mit Ihren Werten zusammen?

Wenn Sie diese Fragen ehrlich beantworten, können Sie eine klare Aussage dazu entwickeln, wofür Sie stehen bzw. stehen wollen.

Übung 2: Formulierung eines klaren Tasks

Denken Sie an ein Problem, das Sie im Moment haben und das Sie nicht allein lösen können, sondern bei dem Sie Ihr Netzwerk zur Lösung benötigen. Dies kann alles Mögliche sein, vom Finden eines Handwerkers über den Rat einer Expertin bis hin zu der Suche einer neuen Arbeitsstelle.

Beantworten Sie zunächst folgende Fragen:

- Wer bin ich und was mache ich (kurze Beschreibung der eigenen Marke)?
- Wonach genau suche ich? Was ist das Ziel der Suche? Woran würde der Giver erkennen, dass ich mein Ziel erreicht habe?
- In welchem Zeitrahmen suche ich?
- Warum lohnt es sich, mir zu helfen? Also: Welchen Vorteil könnten Connector und Giver durch den Task erhalten? Möchte ich eine Netzwerk-Suchprämie aussprechen?

Fassen Sie dies nun in einem kurzen, präzisen Task zusammen.

Nutzen Sie die folgenden drei Check-Fragen, um die Qualität der Formulierung Ihres Tasks zu prüfen:

1. Wenn ich auf meinen Task eine Antwort erhalte, wird mir diese Antwort helfen?

- Wenn die Antwort »ja« lautet, gehen Sie zu Frage 2.
- Wenn die Antwort »nein« lautet, überarbeiten Sie diese Task-Version so lange, bis die Antwort positiv wird (eventuell mit der Hilfe von Künstlicher Intelligenz, wie oben beschrieben).

2. Wenn ich der Connector oder der Giver wäre, würde ich diesen Task verstehen?

- Wenn die Antwort »ja« lautet, gehen Sie zu Frage 3.
- Wenn die Antwort »nein« lautet, überarbeiten Sie diese Task-Version, bis die Antwort positiv wird (eventuell mit der Hilfe von Künstlicher Intelligenz, wie oben beschrieben).

3. Kann ich aus der jetzt vorliegenden Version meines Tasks einzelne Worte streichen, um den Task zu kürzen, ohne den Sinn zu verfälschen?

- Wenn die Antwort »ja« lautet, empfiehlt sich die Verkürzung des Tasks.
- Wenn die Antwort »nein« lautet, ist der Task fertig und kann verwendet werden.

Übung 3: Suche von Connector und Giver sowie Prüfung der Netzwerk-Stärke

Im Anschluss an Übung 2 geht es nun darum, geeignete Personen in Ihrem Netzwerk zu identifizieren, die Ihnen bei Ihrem Anliegen weiterhelfen können – denen Sie also Ihren Task anvertrauen wollen. Nutzen Sie dafür den folgenden Fragenbaum sowie die Hilfsmittel, die ich Ihnen in den vorangegangenen Kapiteln bereits mit auf den Weg gegeben habe:

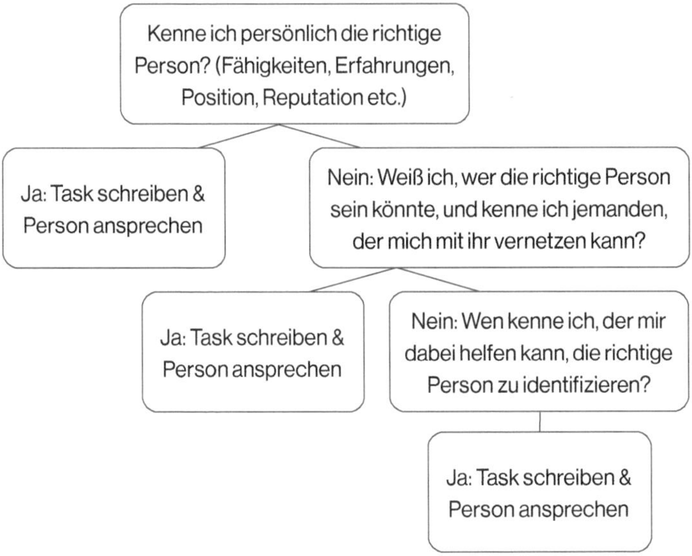

Abb. 3.3: Fragenbaum zur Überprüfung der Netzwerk-Stärke

Überlegen Sie nun, wie stark Ihre Verbindung zu der identifizierten Person oder den identifizierten Personen ist. Daraus ergibt sich, wie direkt Sie die Anfrage stellen können und ob es angebracht und effizient ist, eine Belohnung in Aussicht zu stellen oder anzubieten, den Gefallen zu erwidern.

Kehren Sie dann zu Übung 2 zurück und verfeinern Sie Ihren Task. Schreiben Sie ihn dann in seiner finalen Version auf.

Übung 4: Annahme von Netzwerkanfragen

Sie wurden von Personen aus Ihrem Netzwerk mit einem Task angesprochen? Nutzen Sie die folgenden Checklisten, um die Anfrage strukturiert zu bearbeiten: Kann ich dem bzw. der Anfragenden (Seeker) direkt helfen? Wenn die Antwort »nein« lautet, können Sie als Connector agieren. Wenn die Antwort »ja« lautet, können Sie als Giver agieren.

Fragen für die Connector-Rolle

- Habe ich verstanden, wer der Seeker ist?
- Habe ich verstanden, warum ich angesprochen wurde?
- Kann ich den Seeker meinem Netzwerk-Kontakt vorstellen?
- Kann ich es mir vorstellen, ihn weiter zu vernetzen? Wenn nein, was benötige ich noch vom Seeker, um diesen zu vernetzen?
- Habe ich den Task richtig verstanden?
- Kenne ich den vom Seeker gesuchten Giver persönlich?
  - Wenn ja, wie gut?
  - Wenn nicht, kenne ich eine Person, die den Seeker näher an den gesuchten Giver heranführen könnte?
    - Wenn ja, wie gut?
    - Wenn nicht, sollte ich das dem Seeker sagen.

Fragen für die Giver-Rolle

- Bin ich wirklich die gesuchte Person?
- Kenne ich in meinem Netzwerk eventuell jemanden, der noch besser zu dem Task passt?
- Was habe ich davon, dem Seeker zu helfen?
- Hat meine Unterstützung für den Seeker irgendeine relevante (oder nicht-relevante) Auswirkung für mich?
- Was wäre, wenn ich nicht reagierte?
- Wie wichtig ist es dem Connector, dass ich aktiv werde?
- Will ich den Task überhaupt beantworten?

4. Tools – die Netzwerk-Ausrüstung

Es gibt ein paar einfache, aber wirkungsvolle Tools, die es erleichtern, mit dem Strukturierten Netzwerken zu beginnen und es erfolgreich umzusetzen. Hier sind sie auf einen Blick:

Zielsetzung für das Strukturierte Netzwerken	Das eigene Mindset	Netzwerk-Power-Frage
Netzwerk-Leadership	Netzwerk-Memory	Instrumente für mehr Netzwerk-Motivation
DIE NETZWERKAUSRÜSTUNG		

Abb. 4.1: Übersicht über die Tools für erfolgreiches Netzwerken

Zielsetzung für das Strukturierte Netzwerken

Vielleicht kommt Ihnen folgende Situation vertraut vor: Sie sind zu einem Netzwerk-Anlass eingeladen und Ihre Vorfreude hält sich in Grenzen. Dort angekommen, treffen Sie auf hundert unbekannte Teilnehmer und Teilnehmerinnen und auf nur ein bekanntes Gesicht. Nun erliegen Sie vielleicht der Versuchung, mit der bekannten Person den gesamten Anlass zu verbringen. Schon möglich, dass Sie sich da-

rüber freuen, die andere Person wiederzusehen, und es gibt bestimmt auch viel zu erzählen. Aber unter Netzwerk-Gesichtspunkten bietet dieser Anlass dann keinerlei Mehrwert, denn diese Person ist Ihnen ja bereits bekannt.
Ich spreche hier von »un-strukturiertem Netzwerken«. Weder für die eine noch für die andere Person bringt das »un-strukturierte Netzwerken« bei dem Anlass einen Vorteil. Und dies, obwohl der Netzwerk-Anlass die Möglichkeit bietet, zumindest einen Teil der hundert unbekannten Personen kennenzulernen und somit neue Netzwerk-Kontakte aufzubauen. Aber diese Chance bleibt ungenutzt. Das Netzwerk-Potenzial wird nicht realisiert.

Anders verhält es sich bei dem Vorgehen, das ich »Strukturiertes Netzwerken« nenne. In diesem Szenario hat der Netzwerker bzw. die Netzwerkerin klare Ziele für den Netzwerk-Anlass. Er resp. sie möchte z. B.

- eine bestimmte Person, deren Anwesenheit ihm bzw. ihr vorab bekannt ist, kennenlernen,
- für einen eigenen Task eine Lösung finden oder
- sich gezielt als Connector oder Giver anbieten.

Ich selbst habe seit vielen Jahren auf Netzwerk-Anlässen ein immer gleiches Ziel: **Ich verlasse keinen Netzwerk-Anlass, bevor ich nicht mindestens fünf neue Kontakte geknüpft und ihnen die Power-Frage gestellt habe.** Dazu später mehr.

Das eigene Mindset und Glaubenssätze

Für viele Personen steht Netzwerken synonym für »Sich-Hilfe-Suchen« oder gar »Bittstellen«. Mit einem solchen Verständnis kann leider keine echte Lust auf Netzwerken entstehen – denn wer möchte schon gern als bittstellerisch in Erscheinung treten? Strukturiertes Netzwerken erfordert also im ersten Schritt die Überwindung eigener

innerer Hürden. Welche das sind und wie das gelingen kann, hängt stark vom eigenen Selbstbild ab.
Folgendes Beispiel soll den Kontext des Strukturierten Netzwerkens klarer darstellen und eine Hilfestellung zur Überwindung innerer Hürden bieten:

Beispiel: Perspektivenwechsel

Mitte der 2010er-Jahre arbeitete ich mit einer Top-Führungskraft aus der Pharmaindustrie zusammen. Sie hatte mich gebeten, ihr nach einem Jobverlust beim Thema Netzwerken zu helfen. Ich erkannte schnell, dass sie von Selbstzweifeln geplagt war. Sie hatte große Bedenken, sich dem eigenen Netzwerk zu nähern, denn sie fühlte sich ohne ihren Job geradezu »wertlos«. Ich nahm sie daraufhin mit auf eine gedankliche Reise – zurück in ihre alte Position vor einem Jahr – und stellte ihr zwei entscheidende Fragen:

1. »Wurdest Du in Deinem alten Job jemals um Hilfe gebeten?«
2. »Wenn ja, wie hast Du Dich in der Rolle des Giver (Helfers) gefühlt?«

Sie berichtete mir von Hilfeersuchen – sowohl aus dem Kollegium als auch von externen Personen –, die sie in ihrer damaligen Rolle ständig erhalten hatte. Damals habe sie diese Gesuche als völlig normal empfunden und gern darauf geantwortet. Beim Aussprechen dieser Worte wurde ihr plötzlich klar, dass heute in der umgekehrten Rollenverteilung ihr eigenes Hilfeersuchen bei ihren Netzwerkkontakten wohl wahrscheinlich eine ähnliche positive Reaktion auslösen würden.

Ein weiterer, verwandter Grund, warum sich Menschen mit dem Umsetzen von Netzwerk-Aktivitäten schwertun, liegt meines Erachtens in dem erlernten Verhalten, dass das Leben daraus bestehe, zu nehmen. Netzwerken erfordert allerdings, zu geben.
In der heutigen, von den sozialen Medien geprägten Realität erhalten viele von uns regelmäßig Netzwerk-Kontaktanfragen von unbekannten Dritten. Vielen Personen sind diese Anfragen lästig und unange-

nehm. Und viele wissen nicht, ob oder wie sie mit diesen Anfragen umgehen sollen, denn es drängt sich unweigerlich der Gedanke auf: »Warum soll ich die Netzwerk-Anfrage annehmen? Diese Person ist mir unbekannt, meine Zeit ist eh schon sehr knapp und diese Person will bestimmt nur etwas haben oder mir etwas verkaufen.«
Viele Personen lehnen daher die Netzwerk-Anfragen von Unbekannten direkt ab oder reagieren erst gar nicht. Dieses Verhalten hat gleich zwei mögliche Nachteile: Zum einen entgeht der Zielperson der Netzwerk-Anfrage eventuell ein spannender Kontakt. Zum anderen kann ein solches Nicht-Reagieren beim Seeker die Möglichkeiten des Netzwerkens grundsätzlich in Frage stellen. Denn wer auf einige Anfragen keine Antwort erhält, den verlässt vielleicht der Mut zum Weitermachen. Eine so entmutigte Person wird dann eventuell nicht nur damit aufhören, selbst Netzwerk-Anfragen zu stellen, sondern wird vielleicht im Freundes- und Bekanntenkreis negativ über das Netzwerken sprechen und so andere Personen ebenfalls entmutigen.

Mir selbst hat im Umgang mit Netzwerk-Anfragen in der Vergangenheit der folgende einfache Glaubenssatz geholfen: **Wir können gemeinsam etwas Nützliches tun – wir müssen nur herausfinden, was es ist.**
Mit dieser Herangehensweise bekamen und bekommen die an mich gestellten Netzwerk-Anfragen immer etwas Spielerisches. Es gilt, das Thema oder die Themen zu finden, die für den Anfragenden und für mich relevant sein werden. Bei dieser Suche nach dem Nutzen erweisen sich mindestens vier verschiedene Fragestellungen als nützlich:
- Kann ich dem Seeker helfen?
- Kann der Seeker mir helfen?
- Kann ich dem Netzwerk des Seeker helfen?
- Kann der Seeker meinem Netzwerk helfen?

Ich habe in den letzten Jahren jede einzelne Anfrage, die entweder über soziale Medien, per E-Mail oder persönlich an mich herangetragen wurde, angenommen. Denn ich war stets gespannt darauf, wo ein möglicher Nutzen liegen könnte, den der Seeker und ich gemeinsam kreieren würden.

Ein Mindset (eine innere Haltung) wie aus dem Beispiel mit der Top-Führungskraft aus der Pharmaindustrie ist leider auf allen Unternehmensebenen anzutreffen. Ich spreche in diesem Zusammenhang von »selbst-limitierenden Glaubenssätzen«. Innere Hürden und die Angst vor Versagen oder dem Spott der anderen versperren Menschen häufig den Zugang zu den Chancen, die das Netzwerken bereithält. Um negative Glaubenssätze zu »überschreiben«, helfen die folgenden zehn positiven Glaubenssätze, die Ihnen, lieber Leser, liebe Leserin, Erfolg, Sicherheit und Spaß beim Netzwerken bereiten mögen:

1. Ich bin ein Seeker und kein Bittsteller.
2. Um Hilfe zu bitten, ist kein Zeichen von Schwäche, sondern von Stärke.
3. Ich kann Menschen als Connector und als Giver helfen.
4. Menschen freuen sich, wenn sie mir helfen können.
5. Jede Netzwerk-Begegnung bietet eine Chance, zu lernen und zu wachsen.
6. Als aktiver Netzwerker stärke ich meine eigene Marke.
7. Je mehr ich gebe, desto mehr werde ich bekommen.
8. Netzwerken ist eine kontinuierliche Investition in meine eigene Zukunft.
9. Wir können gemeinsam etwas Nützliches tun – wir müssen nur herausfinden, was es ist.
10. Ich bin ein guter Netzwerker und Netzwerken macht mir Spaß.

Die Netzwerk-Power-Frage

Die »Power-Frage« ist mit ziemlicher Sicherheit die faszinierendste und stärkste Frage beim Netzwerken überhaupt. Sie lautet:
Wie kann ich helfen?
Keine Frage, die ich kenne, hat ein derart großes Potenzial zur Wertschöpfung wie diese. Und keine andere Frage löst auf beiden Seiten ein solch starkes Gefühl der Wertschätzung aus. Allzu oft wird im Leben das Nehmen zur Maxime erhoben. Es geht meist um die Frage (oder zumindest um den Gedanken), welchen Nutzen man selbst hat. Aber:
Netzwerken erfordert Geben.
Und weil Netzwerken Geben erfordert, ist die Power-Frage so faszinierend, denn sie positioniert die fragestellende Person als Connector oder als Giver (Geber) – und nicht als Nehmer.
Ich selbst wende die Power-Frage seit mehr als einem Jahrzehnt systematisch an. Auf die Power-Frage erhalte ich ganz unterschiedliche Antworten. Teils sind die Antworten schlüssig, teils schwammig, teils wird mir auch gar nicht geantwortet, denn viele Personen sind nicht auf die Power-Frage vorbereitet (vgl. Task) – was ich sehr schade finde.
Die Power-Frage ermöglicht jeder Person, gleichzeitig als Seeker, als Connector und als Giver zu agieren.

Lassen Sie uns zur Vertiefung die Power-Frage auch aus der Perspektive der »inneren Hürde« betrachten. Viele meiner Klienten und Klientinnen, denen ich zur Anwendung dieser Frage geraten habe, spiegelten mir nämlich ihre Bedenken, dass sich diese Frage geradezu »esoterisch« oder sogar »anmaßend« anfühle. Denn wie könne man sich erlauben, einer unbekannten Person einfach so Hilfe anzubieten? Man mache sich doch aller Wahrscheinlichkeit nach mit dieser Frage unglaubwürdig. Das Risiko dieser Frage sei einfach zu hoch.
All denjenigen, die mit der Anwendung der Power-Frage hadern, kann ich sagen, dass ich in 15 Jahren intensiver Anwendung dieser Frage noch nie mit einer unverschämten oder unverhältnismäßigen

Bitte konfrontiert worden bin. Nie hat mich jemand um Geld oder eine ähnliche unverhältnismäßige Leistung gebeten. Sicher, manchmal konnte ich die Anfrage nicht lösen, aber in den meisten Fällen konnte ich doch helfen. Und alles, was ich für die Hilfe brauchte, waren der Wunsch zu helfen und etwas Zeit zum Überlegen.
Neben dem Netzwerk-Wert, den ich durch meine Unterstützung (als Connector oder Giver) für den Seeker häufig kreiere, ist es eben auch die Freude darüber, anderen zu helfen, die mich über die Jahre als Netzwerker angespornt hat. **Es macht tatsächlich Spaß, anderen zu helfen.**

Bei den vielen Netzwerk-Anfragen, die ich erhalte, antworte ich immer und ausnahmslos mit der Power-Frage. Von den vielen möglichen Reaktionen des Seeker gibt es eine, auf die ich persönlich leicht allergisch reagiere. Und zwar ist es die Antwort: »Ich bin von der Reichweite Deines Netzwerks fasziniert und möchte einfach nur Teil Deines Netzwerks sein und davon profitieren.«
Dieses Verhalten stößt deshalb grundsätzlich bei mir auf Ablehnung, weil der Seeker sich mit diesem Ansatz als klarer Nutznießer präsentiert, der nur nehmen will, aber keine Absicht hat oder keinen Willen zeigt, zu geben.
Wenn der Seeker aber mit einem klaren Task an mich herantritt, helfe ich selbstverständlich, wenn ich kann.
So lässt mich etwa folgender Task in Aktion treten:
»Ich habe gesehen, dass Du viele Kontakte in der Pharmabranche hast. Ich selbst bin in dieser Branche Projektleiter und möchte mich verändern. Könntest Du mir bitte dabei helfen, meine Kontakte in dieser Branche zu stärken?«
Dieser Task besitzt eine Klarheit, mit der ich als ein Connector oder als Giver handeln kann. Es stellt sich dann nur die Frage: **Will ich helfen – oder will ich nicht helfen?**
Allzu oft limitieren wir uns und unsere Chancen beim Netzwerken, indem wir unsere Rolle auf die des Seeker reduzieren. Wir erkennen

oft nicht, dass uns die Breite und die Qualität des eigenen Netzwerks und der Reichtum des eigenen Wissens in gleicher Weise auch für die Rollen des Connector und des Giver prädestinieren. Durch die Power-Frage eröffnen sich im Netzwerk neue, ungeahnte und spannende Möglichkeiten.
Sobald man erkennt, dass man nicht nur als Seeker, sondern gleichzeitig auch als Connector oder Giver agieren kann, wird das Thema Netzwerken plötzlich einfach – und es macht sogar Spaß.

Netzwerk-Leadership

Wir haben nun die Erkenntnis gewonnen, dass es beim Strukturierten Netzwerken zunächst darum geht, die richtige Haltung (z. B. Glaubenssätze) und die richtigen Strategien (z. B. Task, Power-Frage) zu entwickeln. Damit wollen wir uns selbst und andere so beeinflussen, dass ein Ziel entsteht, das wir gemeinsam verfolgen (hier: Lösen des Tasks). Netzwerken braucht also Leadership: Wir sollten in der Lage sein, uns selbst zu führen (Self-Leadership) sowie andere (People-Leadership) bzw. Netzwerke zu führen (Ecosystem-Leadership).
Self-Leadership ist die Grundlage eines erfolgreichen Netzwerks, denn wir müssen selbst aktiv werden und Verantwortung für das eigene Handeln übernehmen. Dies gilt für alle drei Netzwerk-Rollen gleichermaßen – Seeker, Connector und Giver.
Für das Netzwerken ist das von entscheidender Bedeutung, da die Initiative oft von dem bzw. der Einzelnen ausgehen muss. Netzwerke wachsen und gedeihen nicht von allein, sondern brauchen dafür aktives Engagement. Hier ist die Fähigkeit zur Selbstführung gefragt – zu wissen, wann und wie man sich in Netzwerke einbringt, um Unterstützung bittet oder die Zusammenarbeit fördert. Ein Seeker muss den Wunsch, die Bereitschaft und die Fähigkeit haben, auf andere zuzugehen und gezielt um Hilfe zu bitten. Es ist oft eine Herausforderung, Aufgaben oder Ziele (den Task) klar zu formulieren und diese dann

mit anderen zu teilen. Das erfordert Mut und Selbstbewusstsein, aber auch die Einsicht, dass Netzwerken auf Geben und Nehmen basiert. Jemand, der sein Self-Leadership gut entwickelt hat, erkennt, dass es nicht als Schwäche gilt, um Unterstützung zu bitten, sondern dass es ein strategisches Mittel ist, um gemeinsam mehr zu erreichen.

Auch die Rollen des Connector und Giver erfordern Self-Leadership. So ist es oft einfacher, die erhaltenen Netzwerk-Anfragen nicht zu berücksichtigen oder darüber hinwegzugehen. Es erfordert dagegen sehr viel mehr Disziplin und Selbstführung, die Netzwerk-Anfragen dahingehend zu betrachten, ob man nicht doch Hilfe bieten kann oder nicht doch einen Wert für den oder die Antragstellende (und somit für das Netzwerk) generieren kann. **Bedenken Sie, dass Sie irgendwann vielleicht selbst das Netzwerk brauchen – und dann sind Sie froh, wenn man Ihnen hilft.**

Ein weiterer entscheidender Punkt ist die Fähigkeit zur Selbstreflexion. Nur indem Sie die eigenen Aktivitäten kontinuierlich analysieren und sich ehrlich mit Ihren Stärken, Schwächen und Zielen sowie mit der Bewertung und Entwicklung der Netzwerk-Stärke (vgl. Netzwerk-Stärke) auseinandersetzen, können Sie strukturiert Netzwerke aufbauen. Self-Leadership erfordert die Disziplin, sich selbst zu managen und gezielt Kontakte zu pflegen, die sich langfristig als wertvoll erweisen können. Dies schließt auch ein, dass Sie sich Feedback von anderen suchen, um die eigenen Fähigkeiten und Strategien zu verbessern.

Während das Self-Leadership sich auf die Eigenverantwortung und Selbststeuerung konzentriert, betrifft das **People-Leadership** den Einfluss auf andere. Der Seeker übernimmt Leadership, indem er Connector und Giver davon überzeugt, ihn bei seinem Task zu unterstützen – dadurch entsteht ein gemeinsames Ziel. Der Seeker initiiert dies durch einen klaren Task und eine selbstbewusste und analytische Ansprache seines Netzwerks. Er versteht nicht nur, was er selbst benötigt, sondern auch, wie er sich selbst und den Task positionieren muss, um Connector und Giver zu motivieren, ihm zu helfen. Dies erfordert Empathie

und Perspektivenübernahme – Grundpfeiler des Strukturierten Netzwerkens.
Aber auch Connector und Giver übernehmen Leadership – sie sind diejenigen, die andere Menschen miteinander in Verbindung bringen und Synergien schaffen oder Wissen teilen und damit jeweils maßgeblich zur Lösung des Tasks beitragen. Ein erfolgreicher Leader im Netzwerk versteht, wie wertvoll Beziehungen und Wissensweitergabe sind, und fördert aktiv den Austausch zwischen verschiedenen Agierenden. Durch sein Handeln wird er ein Rollenvorbild für andere und beeinflusst dabei das Netzwerk weiterhin positiv. Führung im Netzwerk anzunehmen, ist daher Bestandteil der eigenen Marke erfolgreich Netzwerkender.
Die Rolle des Connector etwa erfordert nicht nur ein gutes Verständnis der Bedürfnisse der eigenen Kontakte, sondern auch die Fähigkeit, diese gezielt zu verknüpfen, um Mehrwert zu schaffen. Ein Leader in einem Netzwerk nutzt seine Position, um Brücken zu bauen und anderen zu helfen, ihre Ziele zu erreichen. Dabei agiert er oft als Giver – als jemand, der ohne direkte Gegenleistung Unterstützung anbietet – sei es durch Kontakte, Ressourcen oder Wissen.
Diese Rolle erfordert jedoch auch strategisches Denken. Ein Leader, der als Connector agiert, sieht das große Ganze und fördert Verbindungen, die nicht nur dem oder der Einzelnen, sondern dem gesamten Netzwerk zugutekommen. Das Konzept des Gebens im Leadership ist essenziell, da es das Vertrauen und die Zusammenarbeit im Netzwerk stärkt. Menschen neigen dazu, Unterstützung zurückzugeben, wenn sie das Gefühl haben, dass ihre Bedürfnisse ernst genommen und gefördert werden. In einem gut funktionierenden Netzwerk profitiert der Leader am Ende auch von den Synergien, die er geschaffen hat.

Das **Ecosystem-Leadership** (Ökosystem-Leadership) erweitert das People-Leadership-Konzept, indem es Netzwerke als Teil eines größeren, interdependenten Systems betrachtet. Eine Führungspersönlichkeit, die das Ökosystem im Blick hat, übernimmt Verantwortung

dafür, wie verschiedene Netzwerke miteinander interagieren und sich gegenseitig unterstützen können. Hier zeigt sich, wie wichtig es ist, Self-Leadership und People-Leadership zu beherrschen, um nicht nur auf individueller Ebene, sondern im gesamten Netzwerk erfolgreich zu agieren.
Im Kontext des Ecosystem-Leadership agiert man nicht nur als Connector und Giver innerhalb eines Netzwerks, sondern zwischen verschiedenen Netzwerken. Diese Art der Führung erfordert die Fähigkeit, unterschiedliche Akteure – Unternehmen, NGOs, Regierungen und Einzelpersonen – zusammenzubringen, um gemeinsame Ziele zu erreichen. Dabei ist die persönliche Verantwortung und Initiative des oder der Einzelnen im Netzwerk entscheidend, um größere, systemische Veränderungen voranzutreiben. **Leadership im Ökosystem ist eine oft unterentwickelte Kompetenz – aber eine mit hohem Potenzial.**

Die Verbindung von Self-Leadership, People-Leadership und Ecosystem-Leadership im Kontext des Netzwerkens betont also die Verantwortung des oder der Einzelnen, aktiv Initiative zu ergreifen, um andere zu bewegen, ein gemeinsames Ziel anzunehmen und zu erreichen. Self-Leadership bildet die Grundlage, indem es die Fähigkeit fördert, einen klaren Task zu formulieren, proaktiv zu agieren und Unterstützung zu suchen. People-Leadership erweitert dies, indem Sie als Seeker andere dazu bewegen, den Task anzunehmen, und als Connector und Giver anderen helfen, ihre Ziele zu erreichen und das Netzwerk zu stärken. Ecosystem-Leadership schließlich bringt das Ganze in einen größeren Zusammenhang, indem Sie als Einzelperson Verantwortung übernehmen, um Netzwerke strategisch zu fördern und zu verbinden. Diese drei Ebenen der Führung sind entscheidend, um ein starkes und nachhaltiges Netzwerk aufzubauen, das nicht nur dem Individuum, sondern allen Beteiligten langfristigen Nutzen bringt.

Netzwerk-Memory

Zum Strukturierten Netzwerken gehört, neben dem Vernetzen zweier Personen auf Nachfrage, auch das proaktive oder unaufgeforderte Vernetzen zweier Personen. Um den Ansatz des unaufgeforderten Vernetzens besser zu verstehen, nutzen wir hier die Analogie des Spiels »Memory«, das viele von uns noch aus der eigenen Kindheit kennen. Bei diesem Spiel müssen die Spielenden durch abwechselndes Aufdecken verdeckt liegender Kärtchen Paare mit gleichen Motiven finden. Gewonnen hat das Spiel, wem es gelungen ist, die meisten Spielkarten-Paare aufzudecken.

Die Idee des Memory-Spielens lässt sich wunderbar auf das Netzwerken übertragen. Alles, was es hierfür braucht, ist ein Connector, der im unaufgeforderten Vernetzen zweier Personen aus dem eigenen Netzwerk einen potenziellen Vorteil für den einen oder gar für beide Parts sieht. Ich selbst spiele dieses »Netzwerk-Memory« mit einer hohen Regelmäßigkeit, teils spontan, teils systematisch.

Wenn ich auf einem Netzwerk-Anlass oder in einem persönlichen Gespräch bin und mir Eigenschaften, Fähigkeiten, berufliche Stationen o. Ä. bei einer Person auffallen, die mich an ein Mitglied meines Netzwerks erinnern, vernetze ich diese Personen spontan. Dies kann entweder auf einem Netzwerk-Anlass im physischen Raum, also sofort, passieren. Es kann aber auch schriftlich oder virtuell ein paar Tage später geschehen.

Systematisch spiele ich dieses Netzwerk-Memory zwei- bis dreimal im Monat. Hierzu nehme ich mir eine halbe Stunde Zeit und studiere gezielt meine Netzwerk-Liste. Eine solche Liste eigener Netzwerk-Kontakte kann auf sozialen Medien liegen oder auf anderen Medien geführt werden. Konkret nutze ich dabei oft meine Profile in den verschiedenen sozialen Medien. Bei sehr hoher Netzwerk-Aktivität empfiehlt sich sogar ein eigenes CRM-Tool (»Customer-Relationship-Management-Tool«). Ich lasse mir die Namenslisten anzeigen und sortiere die Namen alphabetisch, um den Überblick zu behalten. Nun wandere ich alphabetisch durch die Namensliste, bis ich bei einer Person hängen bleibe, bei der mir irgendein Bezug einfällt. Meine Gedanken beginnen, Gemeinsamkeiten zwischen dieser Person und anderen Personen in meinem Netzwerk zu erkennen. Wenn mir ein passender Kontakt einfällt, verbinde ich die beiden Personen auf elektronische Weise miteinander. Das Ganze kann nicht nur für die dann neu Vernetzten von Wert sein; es macht mir persönlich auch richtig viel Spaß.

Beispiel: Kontakt-Memory

Ich wandere durch mein persönliches Netzwerk und bleibe bei dem Namen meines Kontaktes Sandro hängen. Ich erinnere mich an Sandros Aktivität im Bereich der Krypto-Währungen – und schon fangen meine Gedanken an, nach einem dazu passenden Kontakt zu suchen. Unweigerlich springen meine Überlegungen zu meinem Kontakt Andreas, der in Hamburg seit Jahren als Krypto-Experte tätig ist und hierzu auch Vorträge hält. Wer weiß – vielleicht können die beiden voneinander lernen oder profitieren. In jedem Fall könnte ein Austausch gewinnbringend sein. Mit ein paar netten Worten stelle ich dann die Vernetzung zwischen Sandro und Andreas her.

Hierfür nutze ich seit geraumer Zeit schon ein paar vorgefertigte und standardisierte Formulierungen, die mit nur wenigen Veränderungen auf die jeweilige Vernetzung angepasst werden können, z. B.:

> Lieber Sandro, lieber Andreas, ich habe gemerkt, dass Ihr beide im Krypto-Bereich aktiv seid. Ich bin davon überzeugt, dass Euch der gegenseitige Gedankenaustausch bereichern wird. Happy Networking!

Ich beende seit vielen Jahren meine Vernetzungs-Nachrichten mit den Worten:

> »Happy Networking!«

Diese Botschaft soll bei beiden neu verbundenen Personen auf das im Netzwerken schlummernde Potenzial und auf den im Netzwerk liegenden Spaß hinweisen.

Verbindungen schaffen bei geringer Netzwerk-Stärke
Es kommt mitunter vor, dass ich Personen (unaufgefordert oder aufgefordert) miteinander vernetzen möchte, bei denen nur eine geringe Netzwerk-Stärke vorhanden ist. Insbesondere, wenn ich die Person, die nur eine geringe Netzwerk-Stärke besitzt, um einen Netzwerk-Gefallen bitte, schließe ich meine Nachricht mit den Worten: »**Gern erwidere ich den Gefallen!**«
So in etwa könnte diese Nachricht lauten:
Liebe (A), ich möchte Dich gern mit (Z) verbinden. (Z) möchte gern mehr erfahren über die Firma, in der Du arbeitest. Dürfte ich Dich um den Gefallen bitten, mit (Z) ein Netzwerk-Gespräch zu führen. Selbstverständlich erwidere ich Deinen Gefallen. Happy Networking!
Dieser Satz signalisiert, dass ich im Netzwerken einen Wert sehe, den man geben und nehmen kann (vgl. Netzwerk-Gutschein).
Tipp: Sollte ich von beiden frisch vernetzten Personen keine Reaktion bekommen, hake ich einfach kurz nach.

Ich selbst verfahre nach dem oben beschriebenen Muster schon seit mehr als einem Jahrzehnt und habe mir damit den Ruf eines Netzwerkers erarbeitet. Ich habe auch von anderen Personen gehört, dass sie meine Netzwerk-Aktivität als Teil meiner eigenen Marke sehen. Und diese eigene Marke macht es mir heute wiederum leichter, weitere Kontakte zu knüpfen bzw. Personen miteinander zu verbinden. Außerdem habe ich häufig von meinen Kontakten gehört, dass sie sich über meine spontanen, unaufgeforderten Verbindungen freuen – denn sie wissen, dass ich mir stets etwas dabei gedacht habe.

Instrumente für mehr Netzwerk-Motivation

»Pay it forward«-Prinzip

Der Begriff »Pay it forward« beschreibt das Prinzip, eine erhaltene gute Tat oder Gefälligkeit nicht direkt zu erwidern, sondern stattdessen an eine andere Person weiterzugeben. Ziel hierbei ist es, eine immer länger werdende Kette von Freundlichkeiten oder Gefälligkeiten zu bilden.

Das Prinzip des »Pay it forward« ist für den Netzwerk-Kontext geradezu prädestiniert. Denn das Geben und Nehmen von Kontakten und das Vermitteln von Vernetzungen entspricht einem Tauschgeschäft im Netzwerk und für das Netzwerk. In diesem Tauschgeschäft fließt ein realer – wenn auch oft nicht monetärer – Wert. Und die handelnden Personen können je nach Situation ihre jeweiligen Rollen (Seeker, Connector und Giver) variieren. Anders gesagt, kann der Seeker von heute der Connector oder Giver von morgen sein. **Netzwerken ist auf lange Sicht gesehen ein Tauschgeschäft im Netzwerk und für das Netzwerk, bei dem ein Wert fließt.**

Die Möglichkeiten dieses Tauschgeschäftes sind nahezu endlos und letzten Endes für alle Menschen zugänglich, die sich aktiv darauf einlassen wollen.

Das »Pay it forward«-Prinzip räumt daher auch mit eventuellen Bedenken oder Vorbehalten auf, die entstehen können, wenn ein Netzwerker oder eine Netzwerkerin beim Bitten um Hilfe Angst hat, als selbstgefällig oder egoistisch angesehen zu werden (vgl. Das eigene Mindset). Denn wie kann eine Suchanfrage an mein Netzwerk negativ bewertet werden, wenn ich an anderer Stelle einer anderen Person etwas zurückgebe?

Natürlich sind nicht alle Aktivitäten des bzw. der Einzelnen für alle anderen im Netzwerk transparent. Aber dennoch, es spricht sich herum, ob eine Person hilfreich ist oder nicht (vgl. Die eigene Marke).

Solange ich regelmäßig als Connector oder Giver agiere, kann ich ohne Bedenken unbegrenzt als Seeker aktiv sein.

Der Netzwerk-Gutschein

Ich möchte an dieser Stelle nochmals auf die schon erwähnte Power-Frage zurückkommen. Ein wichtiger Punkt ist, dass die Power-Frage keinerlei Verfallsdatum hat. Sie ist eine Option für jetzt oder für die Zukunft. Mit anderen Worten: Auch wenn die Frage »Wie kann ich helfen?« unmittelbar keine konkrete Antwort auslöst, so kann der Giver (der Fragesteller) darauf verweisen, dass dieses Angebot auch in Zukunft gilt und eingelöst werden kann.

Mit an Sicherheit grenzender Wahrscheinlichkeit wird die Person, der die Power-Frage gestellt wurde, das Gefühl haben, eben etwas von Wert erhalten zu haben – und zwar einen Wert, der entweder gleich oder in der Zukunft realisiert werden kann. In diesem Sinne ist die nicht-eingelöste Power-Frage eine Art »Netzwerk-Gutschein«.

An dieser Stelle möchte ich erwähnen, dass ich selbstverständlich keinerlei Gegenleistung vom Seeker erhalten will, denn es entspricht meiner Netzwerk-Ethik, dort zu helfen, wo ich kann. Aber natürlich freut es mich, wenn ein Seeker, dem ich geholfen habe, in einer anderen Situation als Connector oder Giver in Aktion tritt und einer anderen Person hilft. Hier verbindet sich das Konzept des »Netzwerk-Gutscheins« mit der bereits oben beschriebenen Zirkularität.

Die Netzwerk-Suchprämie (Finder's Fee)

Eine Netzwerk-Suchprämie (Finder's Fee) kann unter Umständen ein weiteres Werkzeug sein, um das Netzwerken in Gang zu bringen, weil sie eine greifbare Belohnung für das Vermitteln wertvoller Verbindungen bietet. In beruflichen Umgebungen, in denen Netzwerken entscheidend für Wachstum und Erfolg ist, ermutigt die Einführung einer Vermittlungsprovision Menschen dazu, aktiv potenzielle Partner, Kundinnen oder Mitarbeitende zu suchen und miteinander zu vernetzen, die sonst vielleicht unverbunden geblieben wären.

Durch das Angebot eines finanziellen Anreizes motiviert eine Suchprämie Menschen möglicherweise dazu, ihre Netzwerk-Arbeit bewusster und strategischer zu gestalten. Anstatt Verbindungen dem

Zufall zu überlassen, werden sie ermutigt, ihre Netzwerke proaktiv zu nutzen, um diejenigen zu identifizieren und zu verbinden, die gegenseitig von einer Bekanntschaft profitieren könnten. Dies erhöht nicht nur die Quantität der hergestellten Verbindungen, sondern verbessert auch deren Qualität, da die Menschen eher durchdachte und nützliche Einführungen vornehmen, wenn eine Belohnung in Aussicht steht. Darüber hinaus fördert eine Suchprämie eine Kultur der Zusammenarbeit und des Vertrauens. Wenn Menschen wissen, dass ihre Bemühungen, andere zu vernetzen, anerkannt und belohnt werden, nehmen sie eher aktiv an Netzwerk-Aktivitäten teil. Dies schafft einen positiven Kreislauf: Je mehr Menschen sich am Strukturierten Netzwerken beteiligen, desto wertvoller wird das Netzwerk für alle Beteiligten. **Eine Netzwerk-Suchprämie kann sowohl monetärer als auch nicht-monetärer Natur sein.** Dabei ist es wichtig zu beachten, dass eine Netzwerk-Suchprämie so gestaltet sein sollte, dass sie die intrinsische Motivation der Netzwerk-Kontakte nicht aushebelt.

Reflexion, Impulsfragen und Übungen zu Kapitel 4

Reflexion der Zielsetzung für das Strukturierte Netzwerken

Setzen Sie sich konkrete Ziele für Ihren nächsten Netzwerk-Anlass.

- Wen wollen Sie bei der Gelegenheit kennenlernen?
- Für welchen eigenen Task wollen Sie eine Lösung finden?
- Wie können Sie sich als Connector oder Giver gezielt anbieten? Knüpfen Sie mindestens fünf neue Kontakte, bevor Sie nach Hause gehen!

Reflexion von Mindset und Glaubenssätzen in Bezug auf das Netzwerken

Lesen Sie die folgenden Glaubenssätze mehrmals durch und notieren Sie alle Glaubenssätze, die Sie ansprechen, auf einer Karte. Vielleicht möchten Sie diese Karte in Ihr Portemonnaie oder Ihre Handtasche legen und bei Bedarf vor einem Netzwerk-Event nochmals lesen.

- Ich bin ein Seeker und kein Bittsteller.
- Um Hilfe zu bitten, ist kein Zeichen von Schwäche, sondern von Stärke.
- Ich kann Menschen als Connector und als Giver helfen.
- Menschen freuen sich, wenn sie mir helfen können.
- Jede Netzwerk-Begegnung bietet eine Chance, zu lernen und zu wachsen.
- Als aktiver Netzwerker stärke ich meine eigene Marke.
- Je mehr ich gebe, desto mehr werde ich bekommen.
- Netzwerken ist eine kontinuierliche Investition in meine eigene Zukunft.
- Wir können gemeinsam etwas Nützliches tun – wir müssen nur herausfinden, was es ist.
- Ich bin ein guter Netzwerker und Netzwerken macht mir Spaß.

Behalten Sie vor allem diesen Hinweis im Kopf:
Wir können gemeinsam etwas Nützliches tun – wir müssen nur herausfinden, was es ist.
Dieser Satz unterstützt Sie dabei, in allen drei Netzwerk-Rollen aufzutreten – vielleicht haben Sie einen Task und sind also Seeker, gleichzeitig können Sie aber auch Ihrem Gegenüber als Connector und Giver entgegentreten und gemeinsam einen Mehrwert schaffen.

Reflexion zur Power-Frage

Denken Sie an die Power-Frage »Wie kann ich helfen?«.

- Erinnern Sie sich an eine Situation, in der Ihnen jemand diese Frage gestellt hat? Wie haben Sie sich dabei gefühlt?
- Wann haben Sie diese Frage zuletzt selbst gestellt? Wie haben Sie sich dabei gefühlt?
- Wenden Sie die Power-Frage in den nächsten zwei Wochen mindestens dreimal an und notieren Sie hinterher jeweils, welche Erfahrungen Sie damit gemacht haben und wie Sie sich dabei gefühlt haben.

Nehmen Sie sich ganz bewusst folgende drei Dinge vor:

- Immer, wenn ich eine neue Person kennenlerne, stelle ich die Frage »Wie kann ich helfen?«.
- Immer, wenn ich auf einen Netzwerk-Anlass gehe, schließe ich mindestens drei, besser fünf neue Kontakte.
- Immer, wenn mir Eigenschaften, Fähigkeiten, berufliche Stationen u. Ä. bei einer Person auffallen, die mich an ein Mitglied meines Netzwerks erinnern, vernetze ich diese Personen miteinander.

Reflexionen zu Leadership

Netzwerken erfordert Führung – von einem selbst, von anderen, von Ökosystemen.
Nehmen Sie sich an dieser Stelle etwas Zeit, die Kapitel 1 bis 4 Revue passieren zu lassen und ggf. die Reflexionen zu wiederholen.

- Wie zuversichtlich fühlen Sie sich an dieser Stelle, die drei Netzwerk-Rollen Seeker, Connector und Giver vorzubereiten, entsprechende Netzwerkgelegenheiten anzubahnen und diese gewinnbringend – für sich und andere – durchzuführen? Was fehlt Ihnen an dieser Stelle noch, um sich selbst als Netzwerker klar zu positionieren und Ihre Marke zu stärken? Wo möchten Sie gerne noch mehr Zeit investieren oder sich ein Feedback holen? Das ist Self-Leadership!
- Denken Sie an Netzwerksituationen, die Sie erlebt haben, seitdem Sie dieses Buch lesen. Inwiefern haben Sie andere beeinflusst, indem Sie deren Hilfe in Bezug auf Ihre Tasks erhalten haben bzw. diesen bei Ihren Tasks weiterhelfen konnten? Was hat Ihnen geholfen, gemeinsame Ziele zu definieren und diese zu verfolgen? Wie hat sich dies angefühlt? Was davon wollen Sie wiederholen, was ggf. anders machen? Haben Sie die involvierten Personen schon nach ihrem Feedback gefragt? Das ist People-Leadership!
- Ist Ihnen beim Netzwerken aufgefallen, dass es Netzwerke gibt, die noch nicht oder noch nicht ausreichend miteinander verbunden sind, die jedoch gemeinsam Wert schaffen könnten? Wenn Sie möchten, dann schreiben Sie Ihre ersten Ideen und Gedanken dazu auf, wo Sie Synergien zwischen Netzwerken sehen, um gemeinsam einen Beitrag für die Gesellschaft zu leisten. Das ist Ökosystem-Leadership, das in organisationsübergreifende Netzwerke, Interessensgruppen und Verbände münden könnte. Wir werden das Thema Ökosysteme in Kapitel 9 ausführlicher behandeln.

Spielen Sie Netzwerk-Memory

Nehmen Sie sich dazu eine halbe Stunde Zeit und studieren Sie Ihre Netzwerk-Liste, z. B. Profile auf den sozialen Medien. Gehen Sie die Liste Ihrer Kontakte systematisch (z. B. alphabetisch) durch. Wenn Ihnen zwischen zwei oder mehr Personen gemeinsame Interessen, Ziele oder Anliegen auffallen, verbinden Sie diese miteinander, etwa über eine E-Mail oder eine Nachricht in dem entsprechenden sozialen Medium.

Notieren Sie Ihre Erfahrungen mit dieser Übung.

- Wie reagieren die vernetzten Personen?
- Welche Energie kehrt zu Ihnen zurück?
- Eventuell entstehen auch für Sie neue Kontakte?

Vielleicht möchten Sie nun einen Serientermin in Ihren Kalender einfügen, der Sie in regelmäßigen Abständen daran erinnert, Netzwerk-Memory zu spielen.

Reflexionen zur Netzwerk-Motivation

Netzwerken ist nicht (nur) ein kurzfristiger Austausch von Gefälligkeiten. Vielmehr beinhaltet es den Aufbau und die Pflege von langfristigen Beziehungen. So verinnerlichen Sie dies mit den drei Werkzeugen der Netzwerk-Motivation:

- **»Pay it Forward«:** Wenn jemand Ihnen bei Ihrem Task hilft, wenden Sie die Power-Frage an – »Wie kann ich Ihnen helfen?«. Oftmals kommt darauf keine direkte Antwort oder vielleicht sogar Verwunderung. Diese Situation können Sie auflösen, indem Sie die Absicht ausdrücken, die gute Tat im Netzwerk zu erwidern (z. B.: »Nochmals vielen Dank für Ihre wertvolle Hilfe, die ich sehr schätze. Wenn ich durch die entstandenen Möglichkeiten die Chance habe, anderen weiterzuhelfen, werde ich dies sicherlich tun.«). Dadurch fühlen Sie beide, dass Sie Teil eines größeren Ganzen sind – Ihrem Netzwerk –, zu dessen Erfolg Sie zu gegebener Zeit als Connector und Giver beitragen und in dem Sie als Seeker manchmal auch Hilfe empfangen. Es wertet sowohl Ihre eigene Marke als auch die Marke Ihres Gegenübers auf.
- **Netzwerk-Gutschein:** Zusätzlich können Sie in der geschilderten Situation dem Connector oder Giver versichern, dass das Angebot der Power-Frage auch in Zukunft für ihn und sein Netzwerk gilt – einmal im Netzwerk, immer im Netzwerk. Dadurch unterstreichen Sie die Ernsthaftigkeit Ihres Angebots.

- **Netzwerk-Suchprämie:** Sollte es einmal schwierig oder sehr aufwendig sein, Unterstützung aus dem Netzwerk für Ihren Task zu bekommen – insbesondere, wenn die Netzwerk-Stärke nicht sehr hoch ist –, überlegen Sie, welchen Anreiz Sie setzen können oder wollen, damit andere Ihnen weiterhelfen. Diese Suchprämien unterstreichen, welchen Wert die Ressourcen des Netzwerks für Sie haben (z. B. Wissen, Kontakte, Lösungen) und dass Sie erfolgreiche Connectors und Givers an Ihrem Erfolg teilhaben lassen wollen. Wichtig dabei ist, dass die Anreize so gestaltet sind, dass Sie nicht grundsätzlich das »Pay it forward«-Prinzip des Netzwerkens in Frage stellen und Netzwerken auf ein Austauschgeschäft reduzieren. Nutzen Sie das Werkzeug der Suchprämie mit Bedacht und sparsam.

5. Qualitäten – Merkmale von Netzwerken

Netzwerk-Modul und Netzwerk-Kette

Die kleinste Netzwerk-Einheit nenne ich »Netzwerk-Modul«. Ein Modul besteht jeweils aus zwei Personen, die sich kennen, z. B. aus:

- einem Seeker und einem Giver,
- einem Seeker und einem Connector,
- zwei Connectors oder
- einem Connector und einem Giver.

Mehrere Netzwerk-Module ergeben eine Netzwerk-Kette. Eine Kette kann mitunter mehrere Connectors beinhalten, aber immer nur einen Seeker und einen Giver. Eine längere Netzwerk-Kette ist immer dann relevant bzw. wird immer dann gebildet, wenn ein einzelner Connector nicht ausreicht, um den Seeker mit dem Giver direkt zu vernetzen.

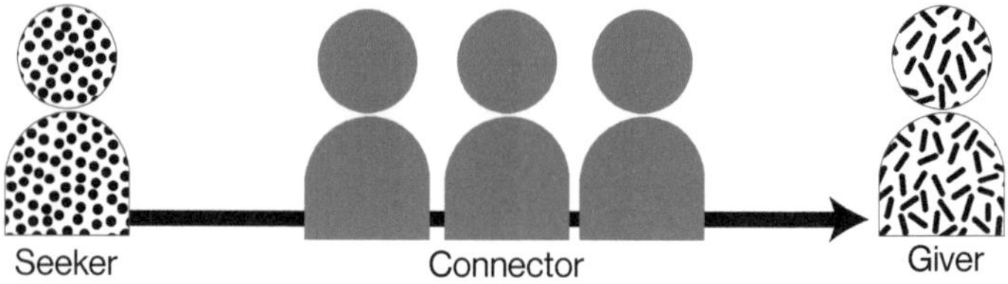

Abb. 5.1: Netzwerk-Kette

Der Ursprung eines jeden Netzwerk-Moduls bzw. einer jeden Netzwerk-Kette ist der Seeker. Und so obliegt es auch dem Seeker, die Gesamtverantwortung für die zu bildende Kette zu tragen. Schließlich ist es auch im originären Interesse des Seeker, einen Kettenaufbau zu ermöglichen und entsprechend eine hohe Qualität der Netzwerk-Kette zu gewährleisten.

An dieser Stelle möchte ich eine Analogie zum Spiel »Billard« herstellen. Denn in diesem Spiel geht es nicht nur darum, mit der einen (weißen) Kugel eine einzelne andere Kugel direkt anzuspielen. Vielmehr ist es hier auch wichtig, mit geschickter und ausgefeilter Technik und unter Zuhilfenahme der Bande mehrere Kugeln in Bewegung zu setzen und so den erfolgreichen Spielverlauf zu begünstigen. Mithilfe der Bande lassen sich beim Billard auch diejenigen Kugeln erreichen, die in einer direkten Linie nicht erreichbar sind.
Mit Bezug auf das Netzwerken bedeutet dies für den Seeker, dass der Aufbau von Netzwerk-Modulen und Netzwerk-Ketten genau geplant werden sollte. In der direkten Analogie spielen die mit dem Seeker nicht direkt verbundenen Connectors die Rolle der Banden beim Billard.
Der Erfolg beim Netzwerken erfordert daher vom Seeker den gedanklichen Wechsel von linearen Verbindungen hin zu mehrdimensionalen Möglichkeiten (umgangssprachlich nennen wir das »um die Ecke denken«). Ich empfehle daher nicht unbedingt, den Weg des geringsten Widerstands zu gehen und den offensichtlichen oder am nächsten liegenden Kontakt zu bemühen (zumindest nicht nur). Denn diese Methode schränkt eventuell unbekannte Chancen ein, die erst durch nichtlineares Denken und Handeln realisiert werden können.
Das gleiche gedankliche Vorgehen gilt natürlich in leicht abgewandelter Form auch für den Connector in einem Netzwerk. Denn auch hier ergibt sich durch den offensichtlichen und am nächsten liegenden Kontakt nicht unbedingt das beste Ergebnis. **Das Denken in Netzwerk-Ketten ermöglicht oft bessere Resultate als das Denken in Netzwerk-Modulen.**

Der Seeker sollte daher dafür Sorge tragen, dass der ihm bekannte Connector (und eventuell auch die weiteren Connectors in der Netzwerk-Kette) darauf achten, dass die Stärke und die Qualität der einzelnen Netzwerk-Module möglichst hoch und belastbar sind.

Netzwerk-Stärke

Private und berufliche Netzwerke

Ein kurzer Rückblick auf Kapitel 1: In der chinesischen Tradition des Guan xi existiert der sogenannte innere Kreis (»inner circle«) und der sogenannte äußere Kreis (»outer circle«). Der innere Kreis umfasst in der Regel Freunde und Familienmitglieder, also Personen, zu denen ein extrem enges Verhältnis besteht. Für Mitglieder des inneren Kreises wird gesorgt und ihnen wird Unterstützung gewährt. Der äußere Kreis hingegen umfasst alle anderen Personen, zu denen zwar eventuell eine Beziehung besteht, für die allerdings weniger oder gar nicht gesorgt wird.

Auch in anderen Teilen der Welt verfügen die meisten Menschen über ein engeres und ein weniger enges Netzwerk und über ein privates oder ein berufliches Netzwerk. Das private Umfeld umfasst in den meisten Fällen Freunde, Familienmitglieder und Bekannte. In jedem Fall sind hier Kontakte enthalten, zu denen eine enge bis sehr enge Beziehung besteht. In einigen Fällen befinden sich auch langjährige professionelle Kontakte im privaten Netzwerk. Dies sind dann häufig Personen, zu denen im Laufe der Zeit ein (fast) freundschaftlicher Kontakt entstanden ist.

Das berufliche Netzwerk umfasst in der Regel Kontakte zu Kollegen und Kolleginnen, Mitarbeitenden, (ehemaligen) Vorgesetzten und sonstigen Personen, denen man im beruflichen Alltag begegnet ist. Während das berufliche Netzwerk meist strukturiert ist und Menschen es häufig systematisch nutzen, erkennen sie das private Netzwerk oftmals gar nicht als solches bzw. nehmen es nicht als solches in Anspruch. Oftmals bringen

wir wertvolle Kontakte im privaten Netzwerk inhaltlich oder thematisch gar nicht in Verbindung mit einer möglichen Lösung für ein aktuelles Problem. Und so fragen wir bei diesen Kontakten gar nicht erst an und verpassen naheliegende Chancen.
Auch wenn zwischen dem privaten und dem beruflichen Netzwerk im Kern Unterschiede existieren, so gibt es doch eine wichtige Gemeinsamkeit. Was beide Netzwerk-Typen eint, ist die häufig bestehende psychologische Hürde des Seeker, eine andere Person gezielt um Hilfe zu bitten. Das schon erwähnte ungute Bauchgefühl, Hilfe zu erbitten, kann sowohl im privaten als auch im beruflichen Kontext oder Netzwerk vorkommen ... zu Recht oder zu Unrecht (vgl. Das eigene Mindset). **Häufiges Netzwerken kreiert eine positive Eigendynamik und führt oft dazu, privat wie beruflich Chancen zu finden, die ansonsten verborgen bleiben.**

Ob wir das Netzwerk erfolgreich in Anspruch nehmen können, hängt daher von den folgenden Überlegungen bezüglich der Belastbarkeit der Kontakte ab:

- Wie gut ist mir dieser Kontakt bekannt?
- Woher kenne ich den Kontakt?
- Wie steht dieser Kontakt im Verhältnis (z. B. hierarchisch) zu mir?
- Wie gut kennt mein Connector den möglichen weiteren Kontakt?

Geringe Belastbarkeit	**Mittlere Belastbarkeit**		**Hohe Belastbarkeit**
Ich habe die Person nur einmal kurz getroffen. Die Person hat eine (deutlich) höhere Hierarchiestufe als ich.	Ich habe die Person ein paar Mal getroffen. Die Person kann sich bestimmt an mich erinnern.	Der Kontakt und ich kennen uns gut. Wir haben eine gute (professionelle) Beziehung.	Ich kenne die Person so gut, dass ich (mit Nachdruck) um einen Gefallen bitten kann.

Tab. 5.1: Einschätzung der Netzwerk-Stärke

Für jede der in Tabelle 5.1 genannten Netzwerk-Stärke-Kategorien ergeben sich folgende Einschätzungen und Handlungsanleitungen:

1. Je geringer die Belastbarkeit, desto schwieriger mag die Ansprache des Kontakts sein und desto größer ist häufig die eigene Überwindung. Man erkennt Kontakte mit geringer Netzwerk-Stärke zwischen Connector und Giver häufig daran, dass der Connector eine direkte/persönliche Verbindung zwischen Seeker und Giver vermeiden will und dazu in etwa folgenden Kommentar macht: »Lieber Seeker, melde Dich doch beim Giver und beziehe Dich auf unser Gespräch.« Diese Vernetzung wird mit an Sicherheit grenzender Wahrscheinlichkeit zu keinem Ergebnis führen. Nichtsdestotrotz kann auch ein Kontakt mit geringer Belastbarkeit auf die Netzwerk-Ansprache positiv reagieren – insbesondere, wenn der Task eine hohe Relevanz und eine große Klarheit besitzt.
2. Bei Kontakten mit mittlerer Belastbarkeit lässt sich der Task einfacher platzieren. Seeker und Connector können die Bitte um Unterstützung mit einer gewissen und passenden Deutlichkeit anbringen.
3. Bei Kontakten mit hoher Belastbarkeit können Seeker oder Connector den Task recht dringlich und mit Nachdruck anbringen. Je höher der »Druck« ist, mit dem ein Task angebracht wird, desto eher empfiehlt sich das Angebot, im Gegenzug einen Gegengefallen anzubieten (vgl. Netzwerk-Gutschein).

Cold Call und Warm Call

Zum Thema Netzwerk-Stärke gehören auch die Begriffe »Cold Call« und »Warm Call«. Als Cold Call bezeichne ich das Ansprechen einer Person, die man nicht kennt und zu der man bis dahin keinen offiziellen Kontakt hatte. Diese Art von Ansprache ist die schwierigste und für die meisten Menschen ist dies die unangenehmste Art, in Kontakt zu treten.

Ein Warm Call dagegen bezeichnet eine Verbindung, die man durch die Unterstützung oder Vermittlung eines Connector eingeht.

Ein Beispiel: Wenn ich als Seeker den Kontakt zu einer mir noch unbekannten Zielperson bei der Firma XYZ in Zürich suche, ist dies ein Cold Call. Kenne ich aber jemanden in meinem Netzwerk, der einen Kontakt zu der gesuchten Person in der Firma XYZ hat, und vernetzt mich mein Kontakt mit der Zielperson, dann ist dies ein Warm Call. **Wann immer möglich, ziehe ich einen Warm Call einem Cold Call vor.**

Vertrauen und wie es entsteht

Der Aufbau von Vertrauen ist von entscheidender Bedeutung für die Förderung starker Beziehungen, sei es im Privatleben, im Geschäftsleben oder in der Gesellschaft insgesamt. Vertrauen schafft eine Grundlage von Sicherheit und Offenheit, die eine effektive Kommunikation, Zusammenarbeit und Kooperation ermöglicht. Am Arbeitsplatz steigert Vertrauen zwischen den Teammitgliedern die Produktivität, Kreativität und Moral, da sich die Menschen aufeinander verlassen können. Vertrauen ist auch in Kundenbeziehungen von ausschlaggebend; es fördert Loyalität und langfristiges Engagement. In Gemeinschaften stärkt Vertrauen die sozialen Bindungen und fördert Stabilität, Zusammenhalt und ein Gefühl der Zugehörigkeit.
Der Aufbau von Vertrauen ist jedoch oft schwierig, da er Zeit und Beständigkeit erfordert und Verletzlichkeit voraussetzt. Vertrauen basiert auf früheren Erfahrungen und der Wahrnehmung von Zuverlässigkeit, Ehrlichkeit und Integrität. Es ist schwer aufzubauen, weil es von Natur aus zerbrechlich ist; ein einziger Akt des Verrats oder der Inkonsequenz kann es schnell zerstören, und wenn es einmal verloren ist, ist es schwer, es wiederzugewinnen. Unterschiedliche Wertvorstellungen, Kommunikationsstile und Erwartungen können den Aufbau von Vertrauen zusätzlich erschweren und zu Missverständnissen oder Konflikten führen. In einer Welt, in der Fehlinformationen und Skepsis weit verbreitet sind, sind Menschen zudem oft zurückhaltender, was den

Aufbau von Vertrauen ebenfalls erschwert. Ein solcher Aufbau erfordert daher kontinuierliche Bemühungen, Transparenz, Einfühlungsvermögen und ein echtes Engagement für das Verständnis und die Achtung der Sichtweise anderer.

Im Kontext dieses Buches drängt sich die Verbindung zwischen Vertrauen und Netzwerken geradezu auf (vgl. Kapitel 1). Sowohl für den Seeker als auch für den Connector und den Giver ist das Thema Vertrauen und Vertrauensaufbau von entscheidender Bedeutung. Denn mitunter ist das Vertrauen in den Seeker und den jeweiligen Task der Schlüssel für den Gesamterfolg. Der Seeker möchte ja erreichen, dass der Connector das eigene Netzwerk für ihn öffnet bzw. weitere Connectors und/oder einen Giver animiert, ihm zu helfen.

Im Abschnitt »Die eigene Marke« in Kapitel 3 habe ich bereits den Bezug hergestellt zwischen aktivem und Strukturiertem Netzwerken und dem Aufbau einer starken eigenen Marke. Der Seeker ist gut beraten, sowohl beim Connector als auch beim Giver das Gefühl der Vertrauenswürdigkeit zu etablieren. Dazu gehört zum einen, dass der Task präzise und unmissverständlich formuliert ist. Zum anderen zählt eben die eigene Marke dazu, die der Seeker womöglich in der Vergangenheit ebenfalls durch aktives Netzwerken gezielt entwickelt hat. Es ist ja schließlich so, dass einer Person, die in der Vergangenheit anderen häufig geholfen hat, selbst gerne geholfen wird. Und so etwas spricht sich schnell herum.

Das Gleiche gilt selbstverständlich auch für die beiden anderen Rollen beim Netzwerken. Durch regelmäßiges und hoffentlich erfolgreiches Vernetzen entwickelt der Connector nicht nur seine eigene Marke, sondern baut auch Vertrauen auf. Dieses Vertrauen kann dann als eine Art Guthaben eingesetzt werden, sollte der Connector selbst irgendwann als Seeker oder Giver aktiv werden wollen.

Auch die Marke des Giver bzw. das vom Giver aufgebaute Vertrauen führt mitunter dazu, dass er Menschen im Netzwerk bekannt ist und sie ihn vielleicht auch gerade deswegen ansprechen. Wenn das Netzwerk weiß, wofür der Giver steht und dass der Giver auf Netzwerk-Anfragen in der Vergangenheit positiv reagiert hat, kann dies wiederum zu vielfältigen Möglichkeiten für den Giver führen. **Es spricht sich schnell herum, ob und wie jemand anderen geholfen hat.**

Exkurs: Das Gefangenendilemma und die Relevanz der Spieltheorie für das Netzwerken

Das sogenannte Gefangenendilemma ist eines der bekanntesten Konzepte in der Spieltheorie und zeigt den Konflikt zwischen individueller Rationalität und kollektivem Nutzen. Es veranschaulicht eine Situation, in der zwei Individuen, die nur in ihrem eigenen Interesse handeln, möglicherweise nicht das bestmögliche Ergebnis erzielen. Das Dilemma verdeutlicht die Komplexität kooperativen Verhaltens, insbesondere wenn die Kommunikation eingeschränkt ist, und betont, wie wichtig Kommunikation ist, um für alle Beteiligten vorteilhafte Ergebnisse zu erzielen.
Während in der Spieltheorie die dominante Strategie für Individuen oft darin besteht, zu defektieren (nicht zu kooperieren), führt dies im echten Leben zu suboptimalen Ergebnissen für alle Beteiligten. Kommunikation erweist sich als mächtiges Werkzeug, um dieses Dilemma zu überwinden, indem sie Vertrauen aufbaut, Vereinbarungen trifft, Unsicherheit reduziert und Verantwortlichkeit schafft. Diese Erkenntnis ist nicht nur ein Eckpfeiler der Spieltheorie, sondern auch ein praktischer Leitfaden für die Bewältigung komplexer Interaktionen, insbesondere für die in diesem Buch beschriebene Netzwerk-Thematik.

Das Dilemma

Das klassische Szenario des Gefangenendilemmas beinhaltet zwei Gefangene, die eines gemeinsamen Verbrechens beschuldigt werden. Sie werden getrennt verhört und können nicht miteinander kommunizieren. Jeder Gefangene hat zwei Möglichkeiten: mit dem anderen zu kooperieren, indem er schweigt, oder zu defektieren, indem er den anderen verrät. Die möglichen Ergebnisse sind wie folgt:

- Wenn beide Gefangenen schweigen (kooperieren), erhalten sie jeweils eine leichte Strafe,
- wenn einer den anderen verrät (defektiert), während der andere schweigt, geht der Verräter frei aus und der schweigende Gefangene erhält eine schwere Strafe, oder
- wenn beide einander verraten, erhalten beide eine mittlere Strafe.

Das Dilemma entsteht, weil die dominante Strategie für jeden Gefangenen darin besteht, nicht zu kooperieren, obwohl gegenseitige Kooperation das beste kollektive Ergebnis (leichte Strafen für beide) liefern würde. Dies liegt daran, dass Defektion immer eine bessere individuelle Auszahlung bietet, die unabhängig von der Wahl des anderen ist. Folglich neigen beide Gefangenen oft dazu, nicht zu kooperieren, was zu einem suboptimalen Ergebnis für jeden (mittlere Strafen für beide) führt.

Die Rolle der Kommunikation

Kommunikation kann die Dynamik des Gefangenendilemmas grundlegend verändern. Wenn die Spielenden diskutieren und verhandeln können, haben sie die Möglichkeit, ihre Handlungen zu koordinieren, was die gegenseitige Kooperation wahrscheinlicher macht. Kommunikation ermöglicht den Aufbau von Vertrauen und das Teilen von Absichten, was kooperatives Verhalten fördert.

Unsicherheit reduzieren

Einer der Hauptgründe für Defektion (Nicht-Kooperation) im Gefangenendilemma ist die Unsicherheit über die Absichten der anderen Partei. Kommunikation reduziert diese Unsicherheit, indem sie den Parteien ermöglicht, ihre Absichten direkt auszudrücken. Wenn sich diese Unsicherheit reduziert, wird es für beide Parteien leichter, Kooperation der Defektion vorzuziehen.

Vertrauen aufbauen

Kommunikation ist entscheidend dafür, Vertrauen zwischen den (Netzwerk-)Parteien aufzubauen. In Abwesenheit von Kommunikation könnte jede Partei das Schlimmste über die Absichten der anderen annehmen, was zu besagter gegenseitiger Defektion führt. Indem sie aber ihre Strategien und Absichten diskutieren, können sich die Parteien gegenseitig von ihrer Bereitschaft zur Kooperation überzeugen und somit die Wahrscheinlichkeit gegenseitiger Kooperation erhöhen.

Vereinbarungen treffen

Kommunikation ermöglicht es, explizite oder implizite Vereinbarungen zu treffen. Wenn die Gefangenen vereinbaren können, zu schweigen, wird es wahrscheinlicher, dass sie diese Vereinbarung einhalten. Solche Vereinbarungen lassen sich durch Versprechen, Reputationsüberlegungen oder sogar durch Drohungen zukünftiger Bestrafungen im Falle eines Vertragsbruchs verstärken. Die Möglichkeit zu kommunizieren verwandelt das Dilemma somit von einem einmaligen Spiel in eine wiederholte Interaktion, bei der die zukünftigen Konsequenzen aktueller Handlungen das Verhalten beeinflussen können.

Ein Gefühl der Verantwortlichkeit schaffen

Wenn Individuen kommunizieren, schaffen sie nicht nur Vereinbarungen, sondern auch ein Gefühl der Verantwortlichkeit. Das Wissen, dass man beobachtet wird oder dass die eigenen Handlungen der anderen Partei bekannt sein werden, kann von der Defektion abschrecken. Dieser soziale Druck ist eine starke Kraft, die kooperatives Verhalten fördern kann.

Spieltheorie: Relevanz für das Thema Netzwerken

Das Gefangenendilemma ist ein klassisches Szenario der Spieltheorie, bei dem zwei Personen aufgrund von Misstrauen und der Gefahr der Ausbeutung nicht zusammenarbeiten, selbst wenn es in ihrem besten Interesse liegt. Es ergeben sich Parallelen zu den Schwierigkeiten, die viele Menschen vom Netzwerken abhalten. Sie zögern möglicherweise, nach Hilfe zu fragen, selbst die Hand auszustrecken oder Informationen weiterzugeben. Dies geschieht oft aus der Befürchtung heraus, dass andere die Unterstützung nicht erwidern oder die Hilfe ausnutzen könnten. Ähnlich dem Gefangenendilemma können fehlendes Vertrauen und der persönliche Nutzen die Zusammenarbeit erschweren. Der bzw. die Einzelne befürchtet eventuell, dass potenzielle Netzwerk-Kontakte die eigenen Netzwerk-Bemühungen nicht erwidern werden, und unternimmt daher erst gar keinen Versuch, das Netzwerk anzusprechen. Und dies führt – wie auch in der Spieltheorie – dann sowohl für die Einzelperson als auch für (alle) anderen zu einem suboptimalen oder zu gar keinem Ergebnis.

Trotz beiderseitiger Vorteile kann die Angst vor mangelnder Kooperation eine oder auch beide Parteien vom Netzwerken abhalten.

Reflexion, Impulsfragen und Übungen zu Kapitel 5

Reflexion des Netzwerk-Verhaltens von anderen

Denken Sie an das letzte Mal zurück, als Sie von einem Seeker um Hilfe gebeten wurden:

- Handelte es sich dabei um einen Warm Call oder einen Cold Call?
- Wie haben Sie sich bei dieser Netzwerk-Anfrage gefühlt?
- Wurden Sie als Connector oder als Giver angesprochen?
- Als wie belastbar schätzten Sie die Beziehung zu dem Seeker ein: gering – mittel – hoch?
- Inwiefern haben Sie dem Seeker Vertrauen entgegengebracht? Warum?
- Wie haben Sie reagiert?
- Inwieweit hätten Sie zu diesem Zeitpunkt noch mehr machen können, um dem Seeker zu helfen?
- Wie glauben Sie, hat sich der Seeker gefühlt?
- Was hat der Seeker Ihrer Meinung nach richtig gemacht? Denken Sie insbesondere an die Themen Kommunikation, Reduktion von Unsicherheiten, Vertrauensaufbau, Vereinbarungen und Verantwortlichkeiten.
- Was hätte der Seeker Ihrer Meinung nach besser machen können? Denken Sie insbesondere an die Themen Kommunikation, Reduktion von Unsicherheiten, Vertrauensaufbau, Vereinbarungen und Verantwortlichkeiten.
- Was würden Sie heute bei einer Netzwerk-Anfrage anders machen? Denken Sie insbesondere an die Themen Kommunikation, Reduktion von Unsicherheiten, Vertrauensaufbau, Vereinbarungen und Verantwortlichkeiten.

Reflexion des eigenen Netzwerk-Verhaltens

Denken Sie an das letzte Mal zurück, als Sie als Seeker eine andere Person um Hilfe gebeten haben:

- War Ihre letzte Netzwerk-Ansprache ein Warm Call oder ein Cold Call?
- Welche Gedanken gingen Ihnen zu diesem Zeitpunkt durch den Kopf?
- Wenn diese Ansprache ein Cold Call war: Aus welchem Grund haben Sie genau diese Person angesprochen?
- Wenn diese Ansprache ein Warm Call war:
  - Inwieweit haben Sie zu diesem Zeitpunkt die Netzwerk-Stärke zu dieser anderen Person bewusst eingeschätzt?
  - Aus heutiger Sicht: Wie würden Sie die Netzwerk-Stärke einschätzen: geringe – mittlere – hohe Belastbarkeit?
- Inwieweit wurden Sie vom Connector mit einer Ihnen bis dato unbekannten Person weiterverbunden? Welches Gefühl hatten Sie bei dieser weiteren Vernetzung?
- Inwiefern haben Sie vor oder während Ihrer Netzwerk-Anfrage über das Thema »Vertrauensaufbau« nachgedacht? Inwiefern war Ihnen das Thema zu diesem Zeitpunkt wichtig?
- Inwiefern konnten Sie mit dem Connector oder Giver konkrete Vereinbarungen treffen?
- Inwiefern hat Ihnen der Connector oder Giver das Gefühl der Verantwortlichkeit gegeben?
- Sollte Ihre Anfrage damals im Sande verlaufen sein:
  - Welche Gefühle hat dies in Ihnen ausgelöst?
  - Wie haben Sie reagiert?
- Was würden Sie heute bei Ihrer Netzwerk-Anfrage anders machen?

Teil B: PROBLEME LÖSEN DURCH STRUKTURIERTES NETZWERKEN

Nicht zuletzt aufgrund der starken Verbreitung von sozialen Medien ist das Thema Netzwerken heute in aller Munde – sowohl im beruflichen als auch im privaten Umfeld. Netzwerken hat eine hohe Sichtbarkeit erreicht. Dennoch (oder gerade deswegen) klagen viele Personen über ihre Unsicherheiten auf diesem Gebiet. Neben der latenten emotionalen Unsicherheit, die eine Mehrheit vom Netzwerken abhält, ist es vor allem die mangelnde Kenntnis der Anwendungsmöglichkeiten und Verhaltensweisen, die den Einzelnen bzw. die Einzelne limitieren.

Anwendungsbeispiele

Die kommenden fünf Kapitel des Buches befassen sich mit der praktischen Anwendung des Netzwerk-Prinzips auf folgende Themen:

1. Netzwerk-Anlass (Kapitel 6)
2. Jobsuche (Kapitel 7)
3. Netzwerken innerhalb des eigenen Arbeitgebers (Kapitel 8)
4. Netzwerken zwischen verschiedenen Organisationen zur Lösung gemeinsamer Probleme (Kapitel 9)
5. Soziale Kooperationsmodelle – Public and Private Partnerships (Kapitel 10)

6. Nie mehr ergebnislos – Netzwerk-Events

Wissenswertes zu Netzwerk-Events

Ein Netzwerk-Event ist eine Veranstaltung oder ein Treffen, das speziell darauf ausgerichtet ist, Kontakte zu knüpfen und Beziehungen aufzubauen. Solche Anlässe bieten den Teilnehmenden die Gelegenheit, neue Leute kennenzulernen, bestehende Kontakte zu pflegen und berufliche oder persönliche Netzwerke zu erweitern.

Netzwerk-Events können verschiedene Formen annehmen, etwa die von:

1. Konferenzen und Seminaren: Fachveranstaltungen, bei denen Teilnehmende Wissen austauschen und sich über aktuelle Entwicklungen in ihrem Bereich informieren können
2. Netzwerk-Anlässe: spezielle Veranstaltungen, die ausschließlich dem Netzwerken dienen, oft mit lockerer Atmosphäre, um das Kennenlernen zu erleichtern (z. B. Speeddating oder Netzwerk-Workshops von Beratungsfirmen)
3. Branchentreffen/Messen: Zusammenkünfte von Personen aus einer bestimmten Branche, um gemeinsame Interessen zu diskutieren
4. Alumni-Anlässe: Veranstaltungen, z. B. der eigenen (Hoch-)Schule
5. arbeitgeberinterne Anlässe: Team-Treffen oder Projektsitzungen
6. gesellschaftliche oder politische Veranstaltungen
7. private Anlässe

Es gibt Veranstaltungen mit einer »Muss-Teilnahme« und Veranstaltungen mit einer »Kann-Teilnahme«. Bei der ersten handelt es sich häufig um Veranstaltungen im beruflichen Umfeld (z. B. bei den Anlässen Nr. eins, drei und fünf). Hier wird die Teilnahme regelrecht erwartet; ein Fernbleiben ist oft mit negativen Folgen verbunden. Die Kann-Teilnahme ist hingegen, wie der Name sagt, eher eine freiwillige Angelegenheit (z. B. bei den Anlässen Nr. zwei, vier, sechs und sieben). Obwohl es zahlreiche und vielfältige Anlässe gibt, an denen Netzwerkende teilnehmen könnten, verhindern oft persönliche und psychologische Hemmungen (vgl. Das eigene Mindset) die Teilnahme. Für viele Menschen überwiegen die Zweifel daran, dass die eigene Teilnahme an der Netzwerk-Veranstaltung einen persönlichen Nutzen bringen, Spaß machen oder anderen helfen könnte. Dies trifft insbesondere auf Kann-Teilnahmen zu, denn hier ist die Überwindung der eigenen Vorbehalte noch schwieriger als bei den Events mit Muss-Teilnahme.
Und so führen Hemmungen und Unsicherheiten oft dazu, dass Menschen entweder

- Netzwerk-Gelegenheiten komplett vermeiden,
- unmotiviert oder unvorbereitet auf Netzwerk-Anlässen erscheinen,
- keine klaren Ziele für den Netzwerk-Anlass haben,
- auf Netzwerk-Anlässen nach bekannten Gesichtern suchen, um dann die Zeit gemeinsam zu verbringen, und schließlich
- den Anlass verlassen, ohne neue Kontakte geknüpft zu haben.

Es ist offensichtlich, dass die Nicht-Teilnahme und die nicht aktive Teilnahme an einem Netzwerk-Anlass kein Ergebnis oder keinen Vorteil bringen kann. **Nur durch die aktive Teilnahme an Netzwerk-Events kann Erfolg entstehen.**

Ich habe in den letzten Jahren eine gleichbleibend hohe Zahl an »Noshows« erlebt. Das heißt, nicht wenige melden sich zwar zu einem Anlass an und bezahlen zum Teil auch dafür, erscheinen dann aber nicht.

Sicher, es kann immer mal etwas Unvorhergesehenes dazwischenkommen – aber die eigenen Hemmungen oder Ängste sollten nicht der Grund für ein No-show sein. Im Übrigen gibt es nicht nur bei physischen Netzwerk-Veranstaltungen eine hohe Zahl von No-shows, auch zu virtuellen Netzwerk-Veranstaltungen melden sich deutlich mehr Leute an, als tatsächlich erscheinen.
Ich möchte Sie als Leser bzw. Leserin beruhigen und motivieren. Denn in den vielen einzelnen Netzwerk-Beratungen, die ich in etlichen Ländern und mit Personen ganz unterschiedlicher Herkunft durchführen durfte, habe ich verstanden, dass die große Mehrheit der Teilnehmenden immer die gleichen Hemmungen oder Ängste hat. Für eine große Mehrheit ist Netzwerken mit Unsicherheiten verbunden. Und genau dies führt zu dem hilfreichen Gedanken, dass, wenn die (meisten) anderen Teilnehmenden ähnliche Hemmungen haben, dies doch für einen Ausgleich und für einheitliche »Wettbewerbsbedingungen« sorgt, oder?
Wenn man nun davon ausgeht, dass eine große Anzahl der Teilnehmenden auf dem Netzwerk-Event ähnliche Ängste und Hemmungen verspürt wie man selbst, kann man durch Strukturiertes Netzwerken nicht nur sich selbst, sondern auch anderen bei der Überwindung der Hemmungen helfen. Am einfachsten erreicht man dies, indem man gezielt auf Personen zugeht, das Gespräch beginnt und mit Fragen führt, wie ich im weiteren Verlauf des Kapitels beleuchten werde. **Durch Strukturiertes Netzwerken nehme ich beim Netzwerken nicht nur mir selbst, sondern auch anderen die Hemmungen.**

Vor dem Netzwerk-Event

Wie können Sie ein für Sie geeignetes Netzwerk-Event identifizieren? Wie bereiten Sie sich erfolgreich auf ein Netzwerk-Event vor? Und wie holen Sie Ergebnisse aus Netzwerk-Events heraus?

Das »Warum« für das Netzwerken (»Why?«)

Grundsätzlich gibt es wenigstens zwei unterschiedliche Szenarien für die Teilnahme an Netzwerk-Events:

1. Ich habe einen Task und suche ein Netzwerk-Event, um diesen zu bearbeiten.
2. Ich bin zu einem Netzwerk-Event eingeladen oder angemeldet und überlege mir, wie ich für mich und andere den größtmöglichen Nutzen stifte.

In jedem Fall ist es sinnvoll, sich aus der Perspektive aller drei Netzwerk-Rollen – Seeker, Connector, Giver – über die Ziele der Teilnahme Gedanken zu machen.

Aus der **Seeker**-Perspektive stehen die eigenen Ziele im Vordergrund. Nützliche Fragen, die ich mir als Seeker stellen sollte, sind:

- Zu welchem Thema brauche ich Hilfe?
- Wo suche ich die Unterstützung?
- Suche ich nach Personen, die mein Produkt oder meine Dienstleistung kaufen wollen?
- Suche ich Hilfe bei einem Jobwechsel oder dabei, einen neuen Job zu finden?
- Suche ich eventuell konkrete Information über ein Zielunternehmen, bei dem ich mich bewerben will?
- In welchem Umfeld finde ich am wahrscheinlichsten relevante Kontakte?
- Mit wem würde ich gern in Kontakt treten?
- Suche ich eventuell nach einer bestimmten Information (privat oder beruflich)?
- andere

Diese Fragen erscheinen vielleicht selbstverständlich oder sogar banal. Aber die Klärung und Formulierung des »Warum« ist alles entscheidend, denn nur so können Sie das Netzwerk gezielt aufbauen,

ansprechen und um Hilfe bitten. Nur mit einem klaren »Warum« orientieren Sie sich in die richtige Richtung (vgl. Task) und können den jeweiligen Netzwerk-Anlass bestmöglich nutzen.
Weiterhin sollten Sie sich zur Vorbereitung auf ein Netzwerk-Event auch Gedanken darüber machen, wem Sie auf dem Event einen konkreten Nutzen in der **Connector**- und/oder **Giver**-Rolle bieten können. Wenn Sie sich darüber klar werden, dass die eigene Teilnahme nicht nur für Sie selbst, sondern auch für andere einen Nutzen stiften kann, erhöht das die Freude, Motivation und die Wahrscheinlichkeit auf eine tatsächliche Teilnahme. **Nehmen Sie aktiv in allen drei Rollen an einer Netzwerk-Veranstaltung teil: als Seeker, Connector und Giver.**

Auswahl der Netzwerk-Events (»Where?«)

Suchen Sie anschließend systematisch nach Netzwerk-Möglichkeiten, melden Sie sich an und gehen Sie auch tatsächlich hin.
Folgende Schwerpunktsetzungen empfehle ich bei der Recherche nach dem geeigneten Netzwerk-Event:

- Suchen Sie nach Thema, z. B. eine Fachveranstaltung im Bereich Ihrer Expertise,
- suchen Sie nach Zielgruppe, z. B. eine Veranstaltung, an der mit hoher Wahrscheinlichkeit Executives teilnehmen,
- suchen Sie nach Standort, z. B. in Ihrer geographischen Nähe,
- suchen Sie über/nach Reputation der Veranstaltung,
- suchen Sie nach Datum, abhängig von Ihrem Task und Ihrer Verfügbarkeit, oder
- suchen Sie über/nach den/dem Preis.

Bei mehr als einer Auswahlmöglichkeit und begrenzten Ressourcen empfiehlt sich grundsätzlich, der Antwort auf die folgende Frage entsprechend zu entscheiden: »Welches der Netzwerk-Events nutzt mir am meisten für meinen aktuellen Task und/oder für den Ausbau meiner eigenen Marke?«

Zugang zum Netzwerk-Event (»How?«)

Wenn der ausgewählte Anlass nicht öffentlich ist, kann vielleicht das eigene Netzwerk bei der Anmeldung helfen. Wer ist dann der geeignete Connector oder Giver? Fragen Sie sich: Kenne ich jemanden, der mir Zugang verschaffen kann? Im Grunde entspricht die Suche nach dem geeigneten Anlass und dem entsprechenden Kontakt der Systematik in der Formulierung eines Tasks (vgl. Kapitel 3, Task).

Andere Teilnehmende (»Who?«)

Wenn Sie sich zu einem Netzwerk-Event angemeldet haben, können die folgenden Fragen Ihnen Struktur bieten:

- Welches Ziel verfolgt die Ausrichtenden des Anlasses, an dem ich teilnehme?
- Findet der Anlass schwerpunktmäßig mit internen oder externen Teilnehmenden statt?
- Habe ich eine Teilnehmerliste erhalten? Kann ich eine erhalten?
- Welches Thema wird auf dem Anlass behandelt?
- Aus welchem Grund nehmen andere wohl an diesem Anlass teil und wie kann ich als Connector/Giver für diese Personen aktiv werden?

Während des Netzwerk-Events

Seit vielen Jahren verfolge ich stets das gleiche numerische Ziel auf einem Netzwerk-Anlass. Ich verlasse den Anlass erst dann, wenn ich mindestens fünf neue Kontakte geknüpft habe. Dies ist ein einfach zu erreichendes und konkretes Ziel, das ich deswegen auch Ihnen empfehle.

Die richtige Ansprache

Vor der Teilnahme an dem ausgewählten Netzwerk-Anlass ist es empfehlenswert, einen oder mehrere klare Tasks zu formulieren. Am bes-

ten bereiten Sie diese Tasks in Ruhe vor und formulieren sie schriftlich aus, um ihre Genauigkeit und Verständlichkeit zu maximieren.
Wie schon im Kapitel 3 beschrieben (vgl. Task), mag die schriftliche Vorbereitung des Tasks ein wenig pedantisch klingen. Vielleicht denken Sie sich, dass Sie eine gezielte Anfrage auch ad hoc während eines Netzwerk-Anlasses formulieren können. Meine Erfahrung in diesem Bereich spricht eine andere Sprache: Die meisten meiner Klienten und Klientinnen berichten mir, dass sie trotz einer sich bietenden Netzwerk-Möglichkeit gar keinen Task platzieren konnten – entweder vergaßen sie es oder sie wussten nicht, wie sie ihre Anfrage ausdrücken sollten.

Der richtige Einstieg in ein Gespräch auf einem Netzwerk-Event

Die meisten beruflichen oder professionellen Netzwerk-Anlässe firmieren unter einem bestimmten Thema. Redner und Expertinnen sind häufig eingeladen, um für die Teilnehmenden einen thematischen Impuls-Vortrag zu halten. Und genau diese Themen und Vorträge lassen sich beim anschließenden Netzwerken ideal nutzen, um neue Kontakte zu knüpfen.
Nehmen wir einmal folgendes Szenario an: Die Handelskammer hat zu einem Vortrag zum Thema »Europäischer Arbeitsmarkt« eingeladen. Ein Experte präsentiert aktuelle Statistiken und gibt Handlungsempfehlungen. Nach dem Vortrag wird zum ungezwungenen Netzwerken geladen. Bei Getränken und Fingerfood treffen sich an einem Stehtisch zwei Personen, die sich bislang nicht kannten. Wie können diese beiden Personen miteinander ins Gespräch kommen und wie können sie das Gespräch von der ersten Sekunde an richtig gestalten und nutzen? Also: Wie startet, wie führt und wie beendet man ein Netzwerk-Gespräch?

Der folgende Ablauf zeigt eine mögliche Struktur eines Netzwerk-Gesprächs auf einem Anlass zwischen zwei Unbekannten:

1. Kurze Selbstvorstellung:
   Guten Tag, mein Name ist, ich bin ... (nur zwei bis drei Sätze, kein Monolog)
2. Mögliche Eröffnungsfragen:
   - Wie fanden Sie den Vortrag?
   - Welchen Bezug hat das Thema der heutigen Veranstaltung zu Ihnen?
   - Aus welchem Grund besuchen Sie diese Veranstaltung?
3. Rückfrage an das Gegenüber:
   Darf ich fragen, was Sie machen? (nur, wenn unter Punkt 1 die Antwort noch nicht gegeben wurde)
4. Anbringen der »Power-Frage«:
   Wie kann ich Ihnen helfen?
5. Hoffen auf den Erhalt der »Power-Frage«:
   Anbringen des eigenen Tasks, z. B. »Ich bin in der beruflichen Neuorientierung und suche den Kontakt zu Frau ABC in der Firma XYZ. Ich würde gern mehr über die Firma erfahren. Könnten Sie mir eventuell bei der Vernetzung helfen?« oder »Als Start-up-Unternehmer suche ich den Kontakt zu Investoren, die auf meinen Bereich spezialisiert sind. Könnten Sie mir eventuell bei der Vernetzung helfen?«

In den meisten Fällen und mit ein wenig Übung lässt sich mit dem oben beschriebenen Ablauf in wenigen (meist ca. drei) Minuten auf einem Netzwerk-Anlass herausfinden, mit wem man es zu tun hat, aus welchem Grund die Person dem Anlass beiwohnt und wie man der anderen Person helfen kann. Die eigenen Fragen und Antworten sollten Sie dabei möglichst kurzfassen, um nicht in einen Monolog zu verfallen und/oder um den Gesprächspartner nicht zu langweilen. Außerdem: Je weniger Sie selbst sprechen und je mehr Sie zuhören, desto mehr können Sie lernen. **Gezieltes Fragen, bewusstes Zuhören und gleichzeitiges Nachdenken über hilfreiche Verbindungen maximieren den Erfolg auf einem Netzwerk-Event – für Sie selbst und andere.**

Der richtige Abschluss eines Gesprächs auf einem Netzwerk-Event

Vielleicht kommt Ihnen auch diese Situation vertraut vor: Sie stehen mit einer Person auf einem Netzwerk-Anlass, die Sie eben kennengelernt haben, und wissen nun nicht recht, wie Sie das Gespräch beenden sollen, ohne unhöflich zu wirken. Ein häufig angewendeter Trick ist, angeblich die Waschräume aufsuchen zu müssen, ohne von dort aber je wieder ins Gespräch zurückzukehren. Tatsächlich gibt es hier eine wesentlich elegantere Art, das Gespräch zu beenden. Tabelle 6.1 enthält nützliche Formulierungen für drei verschiedene Szenarien, je nachdem, wie interessant das Gespräch war und ob Sie hoffen, mit dieser Person in Kontakt zu bleiben.

	Option I: ein wenig interessantes Gespräch, keine Fortführung	**Option II:** ein recht interessantes Gespräch, Fortführung möglich	**Option III:** ein recht interessantes Gespräch, Fortführung erwünscht
1. Bedanken Sie sich bei der Person, die mit Ihnen gesprochen hat.	»Vielen Dank für das interessante Gespräch.«	»Vielen Dank für das interessante Gespräch.«	»Vielen Dank für das interessante Gespräch.«
2. Schlagen Sie eine Methode vor, um in Kontakt zu bleiben (falls gewünscht).	–	»Würden Sie meine Einladung zur Vernetzung auf sozialen Medien akzeptieren?«	»Würden Sie meine Einladung zur Vernetzung (u. a. auf sozialen Netzwerken) annehmen?« »Wollen wir unser Gespräch nächste Woche bei einem Kaffee fortsetzen?«

	Option I: ein wenig interessantes Gespräch, keine Fortführung	**Option II:** ein recht interessantes Gespräch, Fortführung möglich	**Option III:** ein recht interessantes Gespräch, Fortführung erwünscht
3. Erklären Sie, dass Sie auch mit anderen sprechen möchten.	»Ich würde gern auf diesem Anlass noch ein paar weitere Kontakte knüpfen.«	»Ich würde gern auf diesem Anlass noch ein paar weitere Kontakte knüpfen.«	»Ich würde gern auf diesem Anlass noch ein paar weitere Kontakte knüpfen. Können Sie mir einen spannenden Kontakt empfehlen? Könnten Sie mich evtl. vorstellen?«
4. Beenden Sie das Gespräch auf eine positive Weise.	»Es hat mich sehr gefreut.«	»Es hat mich sehr gefreut.«	»Es hat mich sehr gefreut.«

Tab. 6.1: Ein Netzwerkgespräch professionell beenden

Nach dem Netzwerk-Event

Es ist wichtig, nach einem Netzwerk-Anlass die neu geknüpften Kontakte zu notieren. Dies können Sie über einfache Listen regeln, in den sozialen Medien tun oder über ein eigenes »Kundenbeziehungsmanagement-Tool« (CRM-Tool) angehen. Es ist dabei empfehlenswert, nicht nur den Namen zu notieren, sondern auch die Veranstaltung und eine kurze Zusammenfassung der Unterhaltung aufzuschreiben. Ansonsten wird es sehr schwer, sich in der Zukunft an diesen Kontakt zu erinnern.

Gehen Sie nach dem Netzwerk-Event systematisch und entsprechend Ihren drei Netzwerk-Rollen auf die neuen Kontakte zu:

- Als Seeker: Richten Sie eine Dankesnachricht an Connector und Giver mit der Wiederholung des Tasks und einer kurzen Zusammenfassung, was Connector oder Giver Ihnen in Aussicht gestellt haben.
- Als Connector: Stellen Sie ohne weitere Aufforderung durch den Seeker den versprochenen Kontakt in Ihrem Netzwerk her, z. B. per E-Mail oder in einem sozialen Netzwerk. Überlegen Sie im Nachgang an das Event nochmals – ähnlich wie beim Netzwerk-Memory –, wer in Ihrem Netzwerk eventuell sonst noch für eine Vernetzung zu dem an Sie herangetragenen Task in Frage kommt. Ihr Engagement wird sich herumsprechen und Ihre Marke stärken.
- Als Giver: Setzen Sie um, was Sie in Aussicht gestellt haben. Wenn Sie dies unaufgefordert tun und es spricht sich herum, stärkt dies Ihre Marke.

Notieren Sie sich nach einem Event die neuen Kontakte, schreiben Sie auf, wo Sie die Person kennengelernt haben, und setzen Sie den Kontakt im Sinne Ihrer jeweiligen Netzwerk-Rolle fort.

Reflexion, Impulsfragen und Übungen zu Kapitel 6

Die folgenden Fragen werden Ihnen dabei helfen, Ihren nächsten Netzwerk-Anlass zu planen und ihn vor- bzw. nachzubereiten. Dadurch werden Sie sich dort selbstbewusster und sicherer fühlen (und auch so auftreten) sowie den bestmöglichen Nutzen aus dem Anlass ziehen.

Vorbereitung des Netzwerk-Events

Unabhängig davon, ob der Anlass eine Pflichtveranstaltung ist oder ob Sie den Anlass freiwillig aufsuchen, können die folgenden Überlegungen Ihnen dabei helfen, sich auf den Abend vorzubereiten. Dabei nehmen Sie abwechselnd die Rolle des Seeker, Connector und Giver ein.

Mit diesen Fragen bereiten Sie sich auf die **Seeker-Rolle** vor:

- Welches Anliegen habe ich, zu dem ich netzwerken möchte (der Task – das »Why«)?
  Denken Sie an Ihr nächstes bereits geplantes Netzwerk-Event, das Sie möglicherweise bereits im Kalender stehen haben oder zu dem Sie eingeladen sind, von dem Sie aber noch nicht wissen, ob Sie hingehen werden. Dies können, wie wir oben gesehen haben, Anlässe privater oder beruflicher Natur sein, freiwillig oder mit Anwesenheitspflicht und mit vielfältigen Themen und Ausrichtenden. Wenn noch kein Event ansteht, recherchieren Sie online, im Austausch mit Ihrem Netzwerk und abhängig von Ihrem Anliegen, welches Netzwerk-Event von Relevanz und Interesse für Sie sein könnte (*»Where?«*).
- Welchen Zugang habe ich zu dem Netzwerk-Anlass bzw. wie bin ich zu der Teilnahme gekommen (z. B. Einladung, Empfehlung, Firmenveranstaltung etc.) bzw. wie kann ich einen Zugang erwirken, etwa über einen Connector (*»How?«*)?

- Wer wird an dem Anlass voraussichtlich teilnehmen (z. B. Teilnehmerliste), der oder die mir mit meinem Anliegen weiterhelfen kann? Wie kann ich mich und meine eigene Marke dazu positionieren (»*Who?*«)?
  Notieren Sie kurz Ihren Anlass.

Schriftliche Vorbereitungen auf das Netzwerk-Event:
Auf der Grundlage der obigen Überlegungen formulieren Sie Ihren Task schriftlich aus und überprüfen ihn anhand der Fragen aus Kapitel 3 (vgl. Task). Planen Sie nun ein mögliches Gespräch auf dem Netzwerk-Anlass, in dem Sie Kontakt aufnehmen und den Task platzieren:

- Überlegen Sie sich zwei bis drei Eröffnungsfragen und halten Sie diese schriftlich fest.
- Formulieren Sie eine kurze Selbstvorstellung anhand der eigenen Marke (zwei bis drei Sätze).
- Formulieren Sie ein bis zwei Fragen, um Ihr Gegenüber kennenzulernen.
- Stellen Sie sich im Geiste nun die Power-Frage »Wie kann ich Ihnen helfen?« und stellen sich vor, wie Sie auf die mögliche Antwort eingehen. Was können Sie anbieten? → Siehe auch Connector- und Giver-Rolle.
- Nun sind Sie in Ihrer Vorstellung an der Reihe: Wie bringen Sie nun Ihren Task ein? Nutzen Sie Ihre Formulierung von oben.
- Planen Sie den möglichen Gesprächsabschluss, je nach Ergebnis des Gesprächs (z. B. Anbieten einer Vernetzung auf einem sozialen Medium, Fortsetzung des Gesprächs zu einem späteren Zeitpunkt, Dank und Hinweis, noch weitere Personen kennenlernen zu wollen, »Happy Networking!«).

So bereiten Sie sich auf die **Connector-Rolle** vor:
In der Connector-Rolle ist das »*Why*« des Events das Ziel, neue Personen kennenzulernen und diese mit dem eigenen Netzwerk zu verbinden. Insofern steht folgende Frage im Zentrum: Welches Thema

hat der Anlass und welche Personen aus meinem Netzwerk haben eine Verbindung zu diesem Thema?

Als Connector ist die Frage eher weniger, welches Event aufgesucht werden sollte (»*Where?*«), sondern als Connector nutze ich Einladungen zu Netzwerk-Events, um die eigene Marke zu stärken. Aus Connector-Perspektive fragen Sie sich also:

- Welchen Zugang habe ich zu dem Netzwerk-Anlass bzw. wie bin ich zu der Teilnahme gekommen (z. B. Einladung, Empfehlung, Firmenveranstaltung etc.)? Wie kann ich mich und meine eigene Marke so positionieren, dass ich als Connector erkannt werden kann (»*How?*«)?
- Wer wird an dem Anlass voraussichtlich teilnehmen (z. B. Teilnehmerliste) – und mit welchen Anliegen (Task) –, für den ich mein Netzwerk öffnen kann und möchte (»*Who?*«)?
- Auf der Grundlage dieser Überlegungen gehen Sie Ihre Kontakte durch (vgl. Netzwerk-Memory) und halten einige Personen fest, die ggf. für eine Vernetzung bei dem Netzwerkanlass interessant sind.
- Planen Sie nun ein mögliches Gespräch, ähnlich wie oben aus der Seeker-Perspektive, nur mit dem Unterschied, dass die Power-Frage und Ihr Netzwerk stärker im Vordergrund stehen.

So bereiten Sie sich auf die **Giver**-Rolle vor:
Ähnlich wie beim Connector steht die Frage im Vordergrund: Welches Thema hat der Anlass und welche Verbindungen hat dieses Thema mit meiner eigenen Marke (»*Why?*«)?
Auch das Netzwerk-Event ist vermutlich bereits gegeben (»*Where?*«). Daher fragen Sie sich auch aus der Giver-Rolle:

- Welchen Zugang habe ich zu dem Netzwerk-Anlass bzw. wie bin ich zu der Teilnahme gekommen (z. B. Einladung, Empfehlung, Firmenveranstaltung etc.)?
- Wie kann ich mich und meine eigene Marke so positionieren, dass

ich als Giver erkannt werden kann (»*How?*«)?
- Wer wird an dem Anlass voraussichtlich teilnehmen (z. B. Teilnehmerliste), für den ich ein nützlicher Kontakt sein kann bzw. eine Hilfestellung anbieten kann (was sind mögliche Tasks der anderen Teilnehmenden?) (»*Who?*«)?
- Auf der Grundlage dieser Überlegungen formulieren Sie Ihr Angebot (z. B. Informationen, Vernetzung, Einladungen etc.).
- Planen Sie nun ein mögliches Gespräch, ähnlich wie oben aus der Seeker-Perspektive, nur mit dem Unterschied, dass die Fragen an Ihr Gegenüber ausführlicher sind und die Power-Frage im Mittelpunkt steht.

Nachdem Sie sich auf alle drei Rollen vorbereitet haben, setzen Sie sich konkrete **Ziele** für den Netzwerk-Anlass, z. B.
- mindestens fünf neue Kontakte gewinnen,
- einen Task oder die Power-Frage mindestens zwei Mal platzieren
- oder mindestens für zwei andere Teilnehmende einen Kontakt herstellen.

Nachbereitung des Netzwerk-Anlasses

Planen Sie bereits im Vorfeld Zeit für die Nachbereitung des Netzwerk-Anlasses ein, indem Sie beispielsweise für den Folgetag eine Stunde Zeit in Ihrem Kalender dafür reservieren.

Überlegen Sie:
Wo wollen Sie für diesen und weitere Netzwerk-Anlässe in Zukunft Ihre Kontakte notieren (inkl. der Informationen, wann und wo Sie diese kennengelernt haben und was ihre Rollen und Anliegen waren)?
Schreiben Sie den Personen
- als Seeker: eine Dankesnachricht mit der Wiederholung des Tasks und einer kurzen Zusammenfassung dessen, was Connector oder Giver Ihnen in Aussicht gestellt haben.

- als Connector: Stellen Sie den Kontakt in Ihrem Netzwerk her, z. B. per E-Mail oder in einem sozialen Netzwerk; überlegen Sie nochmals – ähnlich wie beim Netzwerk-Memory –, wer in Ihrem Netzwerk ebenfalls für eine Vernetzung in Frage kommt. Durch dieses Engagement stärken Sie Ihre Marke.
- als Giver: Setzen Sie um, was Sie in Aussicht gestellt haben. Wenn Sie dies unaufgefordert tun, und es spricht sich herum, stärkt dies Ihre Marke.

7. Gezielt zum Wunschjob – berufliche Veränderungen per Netzwerk

Bankkonto vs. Netzwerk

Gleich zu Beginn dieses Kapitels möchte ich eine positive Botschaft mit Ihnen teilen, denn die Jobsuche ist ein anspruchsvolles Unterfangen. Auch wenn Sie vielleicht instinktiv wissen, dass Netzwerken eine wichtige, vielleicht sogar die entscheidende Hilfe bei der Suche nach einem neuen Job sein kann, fällt es Ihnen möglicherweise doch schwer, gezielt um Hilfe zu bitten. Eventuell befürchten Sie, dass Sie nach langen Jahren der Netzwerk-Abstinenz Ihre alten Kontakte nicht mehr ansprechen dürfen oder sollten.

Auf Grundlage meiner eigenen Erfahrungen und der Erfahrungen meiner Klienten und Klientinnen kann ich Sie an dieser Stelle dahingehend beruhigen, dass es in den allermeisten Fällen unerheblich ist, wie lange Sie mit einem Netzwerk-Kontakt nicht mehr gesprochen haben. Anders gesagt: **Einmal im Netzwerk, immer im Netzwerk!**

Zur Veranschaulichung dieses Prinzips verwende ich gerne den Vergleich des Netzwerkens mit einem Bankkonto. Bei einem Bankkonto ist es grundsätzlich so, dass man erst Geld einzahlen muss, bevor man Geld abheben kann. Beim Netzwerken ist das anders. Man kann auch nach Jahren der Netzwerk-Inaktivität oder beim Eintritt in ein neues Netzwerk zunächst als Seeker aktiv werden. Selbstverständlich ist es erlaubt, andere Menschen um Hilfe zu bitten oder nach Kontakten zu suchen (und wir sollten es uns unbedingt erlauben!). Sie können dies auch über einen längeren Zeitraum tun. Nur eins ist klar, irgendwann ist der Zeitpunkt gekommen, an dem Sie auch als Connector oder als Giver aktiv werden sollten, um so den Netzwerk-Saldo auszugleichen. Das Schöne daran ist, dass Sie durch Ihren aktiven Beitrag im Netzwerk nicht nur anderen Personen weiterhelfen, sondern auch Ihre eigene Marke stärken.

Drei Erfolgskonzepte bei der Jobsuche

Die Suche nach einem neuen Job gleicht auf vielen Ebenen dem Verkaufsprozess eines Produktes oder einer Dienstleistung. Entsprechend gleichen sich auch die Erfolgskonzepte, mit deren Hilfe die Erfolgsaussichten sowohl eines Verkaufsprozesses als auch einer Jobsuche deutlich steigen.

Da ist zum einen das Konzept des »Pain-Point«. Das zweite Konzept nenne ich den »Perspektivenwechsel« und das dritte Konzept das »Mantra«. Schauen wir uns doch einmal die drei Konzepte im Detail an, um ihre Relevanz für die netzwerkgestützte Jobsuche zu beurteilen.

Erfolgskonzept 1: Pain-Point (Schmerzpunkt)

Wie oben bereits geschrieben, hat die Suche nach einem neuen Job eine starke Ähnlichkeit mit einem Verkaufsprozess, bei dem ein Produkt oder eine Dienstleistung verkauft werden soll. Und genau aus diesem Grund ist das Pain-Point-Konzept aus meiner Sicht so wichtig bei der Jobsuche: Es ist der Dreh- und Angelpunkt eines erfolgreichen Verkaufsgesprächs bzw. einer erfolgreichen Jobsuche.

Ich habe dieses Konzept der Pain-Points als Unternehmer nach meinen verschiedenen Gesprächen mit möglichen Investoren entwickelt. Ich hatte bemerkt, dass Investoren zwischen sogenannten Kopfschmerztabletten und Vitamintabletten unterschieden. Dabei waren Kopfschmerztabletten Firmen, die den Kopfschmerz in einem bestimmten Markt lösten – also eine spannende Investitionsmöglichkeit. Vitamintabletten waren Firmen oder Firmenideen, die zwar recht interessant waren, aber kein wirklich drängendes Problem adressierten und somit auch kein zwingendes Investitionsinteresse kreierten.

Auf die Jobsuche angewendet heißt dies, dass man sich als »Job-Seeker« unbedingt als Kopfschmerztablette (also als »Must-have«) präsentieren muss – und eben nicht als Vitamintablette (oder »Nice-to-have«). Dies wiederum setzt voraus, dass man den Typ Kopfschmerz der Organisation identifiziert hat – also, dass man den Pain-Point der Organisation kennt. **Ohne Kenntnis des Pain-Points kann man sich nicht erfolgreich als Job-Kandidat positionieren.**

Wir wollen also in diesem Kapitel vor allem herausfinden, wie man die Pain-Points eines Arbeitgebers identifiziert, bevor man sich bewirbt, und wie dabei das Netzwerken hilfreich sein kann.

Illustrationen des Paint-Point-Konzepts

1. Nehmen wir einmal an, ich suche einen Jeansladen auf und bitte den Verkäufer, mir eine neue Jeans zu zeigen. Der Verkäufer verschwindet kurz und erscheint dann mit einem wunderschönen grünen T-Shirt. Das T-Shirt mag zwar sehr schön sein, aber mein Pain-Point ist es eben nicht. Mein Pain-Point ist eine neue Jeans. Ich werde also nichts kaufen.
2. Nehmen wir eine x-beliebige Verkaufssituation, in der eine Kundin irgendwo in der Welt in ein Geschäft kommt. Ganz gleich, wo sich diese Situation ereignet, wird die Kundin vom Verkäufer die Frage hören: »Wie kann ich Ihnen helfen?« Der Verkäufer stellt diese Frage, weil er den Paint-Point der Kundin herausfinden möchte, bevor er das Verkaufsgespräch beginnt.

An dieser Stelle lasse ich nun die wahrscheinlich entscheidende Frage bei der Jobsuche einfließen. Die Frage, die sich jeder Kandidat und jede Kandidatin stellen sollte, ist: **Was sollte der Pain-Point des zukünftigen Arbeitgebers sein, damit ich der ideale Kandidat bzw. die ideale Kandidatin für den Job bin?**

Diese Frage wird vielen von Ihnen als schwierig und anspruchsvoll erscheinen. Aber sie ist zwingend und unerlässlich, denn die Antwort dieser Frage zeigt auf, zu welchem Typ Arbeitgeber oder Job Sie passen. Denn nur, wenn die Darstellung der jobspezifischen Aspekte der eigenen Marke (vgl. Kapitel 3) eine ideale Passung mit dem Pain-Point einer Organisation zeigt, wird man als interessant/relevant für den Job angesehen, mit einer Chance, den Bewerbungsprozess erfolgreich zu meistern.
Folgendes Beispiel aus meinem Beratungsalltag unterstreicht das Pain-Point-Konzept:

Beispiel: Ein zielführendes Gespräch

Mein Klient war auf Jobsuche, weigerte sich aber mehrere Monate lang, das Thema Netzwerken strukturiert anzugehen. Er hatte Schwierigkeiten damit, seine inneren Hürden zu überwinden, und Angst vor Ablehnung und Demütigung. Nachdem mehrere Anläufe, ihm zu helfen, gescheitert waren, willigte er schließlich ein, mich auf ein Netzwerk-Event zu begleiten. Dort stellte ich ihn einem meiner Kontakte vor, der als Mitglied eines Vorstands in der Wunschbranche meines Klienten tätig war. Damit war das Eis gebrochen: Zwischen den beiden kam ein Gespräch in Gang. In diesem Gespräch gelang es meinem Klienten, durch gezielte Fragen, die wir zuvor geübt hatten (vgl. die Netzwerk-Fragen in Kapitel 7), relevante Pain-Points des Unternehmens in Erfahrung zu bringen. Im Nachgang zu dem Netzwerk-Event nahm er erneut Kontakt auf und bedankte sich für das gute Gespräch. Dabei fasste er die erkannten Pain-Points zusammen und erwähnte, wie er in der Vergangenheit in ähnlichen Situationen agiert hatte, um vergleichbare Pain-Points erfolgreich zu lösen. Er erzählte auch, dass er gerade in einer beruflichen Neuorientierungsphase sei, und regte an, das Gespräch im Sinne einer möglichen Zusammenarbeit fortzusetzen. Das Vorstandsmitglied reagierte sofort mit dem Hinweis, dass tatsächlich aktuell eine Stelle ausgeschrieben werden sollte, um sich genau diesen Pain-Points zu widmen. Er leitete die Stellenausschreibung an meinen Klienten weiter und bat um Feedback. Der erkannte seine Chance und schärfte die Stellenausschreibung so, dass die Pain-Points klarer ersichtlich wurden und das Suchprofil dadurch präziser wurde. Diese sendete er zusammen mit seinem eigenen Lebenslauf, den wir inzwischen gezielt auf die Stelle angepasst hatten, an das Vorstandsmitglied zurück. So viel sei über den weiteren Verlauf gesagt: Der Klient hat die Stelle bekommen und füllte diese mehrere Jahre lang glücklich aus.

Erfolgskonzept 2: Perspektivenwechsel

Das zweite Erfolgskonzept ist der Perspektivenwechsel. Nochmal: Ein Job-Suchprozess ist nichts anderes als ein Verkaufsprozess, in dem der Kandidat bzw. die Kandidatin eben selbst das Produkt oder die Dienstleistung ist, die verkauft werden will.

Um einen Verkaufsprozess erfolgreich zu gestalten, sollten wir beachten, dass es nicht darum geht, was der Verkäufer verkaufen will, sondern darum, was der Käufer kaufen will. Um der Perspektive der kaufenden Person gerecht zu werden, muss sich die verkaufende Person (Seeker) idealerweise in Form eines Perspektivenwechsels an die Stelle des Käufers resp. der Käuferin versetzen. Aus dieser Perspektive kann dann auf die Job-Vakanz geschaut werden, mit den Überlegungen, wonach der Kandidat bzw. die Kandidatin suchen würde, wenn er oder sie die kaufende Person wäre. Hierzu ein paar mögliche Fragen:

Wenn ich der Käufer bzw. die Käuferin wäre,

- wonach würde ich genau suchen?
- woran würde ich erkennen, dass die eine interessierte Person passt und die andere nicht?
- woran könnte ich eine auf den Job passende von einer nicht darauf passenden Person unterscheiden?

Erfolgskonzept 3: Mantra

Das dritte Erfolgskonzept, das bei der Jobsuche von unschätzbarem Wert ist, nenne ich »Mantra« – aus dem einfachen Grunde, weil ich es in den tausenden von Beratungsgesprächen der letzten Jahre so viele

Male wiederholt habe, dass es sich für viele meiner Klienten und Klientinnen letztendlich wie eine Zauberformel angefühlt hat. Dieses Konzept hat drei Unterpunkte, die ich wie folgt umschreibe:

- verständlich,
- relevant sowie
- leicht zu behalten und zu reproduzieren.

Verständlich

Viele Personen, die sich in einem Bewerbungsprozess oder in einem Jobinterview befinden, tendieren dazu, in langen Sätzen oder in kompliziert strukturierten Absätzen ihre Lebensgeschichte zu erzählen. Allzu häufig tauchen dann in diesen langen Sätzen auch noch Abkürzungen oder Begrifflichkeiten auf, die zwar aus ihrer Sicht wichtig und richtig sind, die aber für die zuhörende Person (zur Erinnerung: wir betrachten diese Person als »Käufer« bzw. »Käuferin«) gar nicht oder nur zum Teil verständlich sind.

Es ist also wichtig, als Jobanwärter bzw. -anwärterin so zu kommunizieren, dass die »kaufende« Person versteht, wovon gesprochen wird. Dies mag allzu logisch klingen, passiert aber leider nur sehr selten. Denn eine verständliche Botschaft zu übermitteln, erfordert viel Übung.

Relevant

Der zweite Unterpunkt des Mantra-Konzepts fokussiert sich auf die Notwendigkeit, der »kaufenden« Person Dinge zu erzählen, die für sie relevant sind. Dabei wollen wir das Interesse des Käufers resp. der Käuferin wecken oder ihn bzw. sie zu weiteren Fragen animieren. Es ist offensichtlich, dass es zwischen dem oben beschriebenen Pain-Point-Konzept und dem Unterpunkt der Relevanz eine direkte Verbindung gibt.

Um die Relevanz zu steigern, empfiehlt es sich, die eigenen Leistungsmerkmale als Resultate zu formulieren. Je konkreter und numerischer, also je kommerzieller diese Resultate formuliert sind, desto größer ist

das Verständnis der kaufenden Person und desto höher ist die Relevanz. Vergleichen Sie folgende Formulierungen:
»Ich habe erfolgreich Projekte gemanagt« vs. »Ich habe das Projekt XY sechs Monate vor der Deadline und deutlich unter Budget erfolgreich beendet«.
Jetzt verstehen Sie, was ich meine.

Leicht zu behalten und zu reproduzieren

Der dritte Punkt des Mantra-Konzepts ist wahrscheinlich am schwierigsten umzusetzen, denn er setzt voraus, dass man seine eigene Geschichte so formuliert und strukturiert, dass die kaufende Person nicht nur versteht, was man gesagt hat, und die Relevanz dabei erkennt, sondern eben auch das Gesagte und das Gehörte behalten kann, um es im Idealfall an eine weitere Person weiterzugeben. Dies ist insbesondere vor dem Hintergrund des Netzwerkens oder der Jobsuche sehr wichtig.

Die Bedeutung aller drei Teile des Mantras

Wenn der Käufer (oder der Connector/Giver) nicht **verstanden** hat, was der Seeker getan hat und wer der Seeker ist, dabei die **Relevanz** nicht erkannt hat und die personenbezogenen Informationen auch nicht **behalten** kann, wird er – selbst, wenn er wollte – kaum weitere Netzwerk-Verbindungen herstellen können.
Es ist also meine Aufgabe als Seeker, meinem Gegenüber meine Geschichte so zu erzählen, dass es sie verstehen kann, es deren Relevanz erkennt und sie ihm im Gedächtnis bleibt.
Die Übungen am Ende des Kapitels helfen Ihnen dabei, eine potenziell kaufende Person verständlich, relevant und mit leicht zu behaltenden Informationen anzusprechen.

Die sieben Schritte des Bewerbungsprozesses aus Sicht des Netzwerkens

Die drei Konzepte Pain-Point, Perspektivenwechsel und Mantra klingen erstmal banal, sind dann in der Umsetzung aber sehr anspruchsvoll und am Ende ein Garant dafür, dass die eigene Kandidatur erfolgreicher wird.

Es ist also im Vorfeld einer Bewerbung wichtig herauszufinden, was die Pain-Points des zukünftigen Wunschjobs oder in der zukünftigen Organisation sind. Eine Bewerbung abzuschicken, ohne auf die Pain-Points explizit Bezug zu nehmen, kann unter Umständen erfolgreich sein – aber die Chance auf Erfolg ist gering. **Eine auf die Pain-Points hin ausgerichtete Bewerbung hat höhere Erfolgsaussichten.**

Auch wenn eine Stellenausschreibung klare Angaben über das gewünschte Kandidatenprofil beinhaltet, ist es doch eher unwahrscheinlich, dass man die genauen Pain-Points in der Stellenausschreibung findet. Das mag u. a. daran liegen, dass die Stellenausschreibungen eher grundsätzliche Aspekte abbilden, nicht aber das eine Hauptproblem (den Pain-Point), das der ideale Kandidat, die ideale Kandidatin lösen können sollte. Die Frage ist: Wie kommt man nun an diese Pain-Points, die man benötigt, um sich erfolgreich zu bewerben?

Wie oben im Beispiel schon beschrieben, ist das Werkzeug der Wahl zum Auffinden der Pain-Points das Strukturierte Netzwerken.

Schauen wir uns die einzelnen Schritte vor der eigentlichen Bewerbung anhand des folgenden Szenarios an.

Schritt 1: Identifikation eines Wunscharbeitgebers oder einer Wunschrolle

- Ein Seeker möchte sich beruflich neu orientieren.
- Der Seeker hat zuvor für sich eine klare Antwort auf die Frage gefunden, welchen Pain-Point der zukünftige Arbeitgeber oder die zukünftige Wunschrolle haben sollte, damit er ein geeigneter Kandidat sein wird.

- Der Seeker zieht die Firma A als möglichen Arbeitgeber oder die Rolle B als mögliches Ziel in Betracht und möchte deshalb mehr über deren Pain-Points erfahren.

Schritt 2: Identifikation eines Connector zum Wunscharbeitgeber

Im nächsten Schritt sollte der Seeker nun das eigene Netzwerk durchsuchen, um einen Kontakt zu Firma A oder zu Rolle B zu finden. Sollte der Seeker keinen direkten Kontakt besitzen, kann er mithilfe des in Kapitel 5 (Cold Call und Warm Call) beschriebenen Ansatzes in seinem Netzwerk nach einem passenden Connector suchen.

Schritt 3: Abklärung des Tasks und der Netzwerk-Stärke mit dem Connector

Nehmen wir nun an, dass der Seeker einen Connector im eigenen Netzwerk gefunden hat. Nun sollte der Seeker mit dem Connector über die Themen Netzwerk-Stärke und Task sprechen, denn schließlich sollte der Connector den Grund und das Ziel des Seeker verstehen, um entsprechend handeln zu können.

Die Frage lautet: **Wie gut kennst du den Giver?**

Häufig ist es so, dass ein Connector dem Seeker anbietet, sich auf ihn als Connector zu beziehen, wenn er sich beim Giver meldet. Für den Connector ist diese Herangehensweise die einfachere Lösung. Der Connector muss ja eigentlich gar nichts tun. Für den Seeker ist dieses Angebot allerdings keine befriedigende Lösung, denn die oben beschriebene Netzwerk-Stärke, die Verbindung zwischen Connector und Giver, kann sich nicht voll entfalten.

Es ist wichtig, dass der Seeker den Connector nicht aus seiner Pflicht entlässt. Der Seeker sollte erreichen, dass der Connector ihn persönlich (mündlich oder schriftlich) beim Giver einführt und somit einen Warm Call für ihn kreiert.

Schritt 4: Verbindung zu einem weiteren Connector oder möglichen Giver durch den Connector

Nehmen wir nun an, dass der Connector einen möglichen Giver identifiziert hat und Seeker und Giver miteinander verbindet. Der Connector ermöglicht dem Seeker also einen Warm Call. Der Connector kann den Seeker entweder über soziale Medien, per E-Mail oder persönlich mit dem Giver verbinden, z. B. mit diesen Worten:

»Lieber Giver, ich würde Dich gerne mit dem Seeker in Verbindung bringen, der mit Dir das Gespräch über Deinen Arbeitgeber sucht.«

Als Bitte kann der Connector, je nach Situation, je nach Wunsch des Seeker oder je nach Netzwerk-Stärke, verschiedene Formulierungen an den Giver richten, z. B.:

- »Ich bin sicher, dass Ihr beide (Giver und Seeker) einen spannenden Austausch haben werdet« oder
- »Ich würde mich freuen, wenn Ihr miteinander ins Gespräch kommt« oder
- »Ich wäre Dir dankbar (lieber Giver), wenn Du mit dem Seeker ein Netzwerk-Gespräch führen würdest« oder
- »Ich möchte Dich in aller Freundschaft darum bitten, Dich mit dem Seeker einmal zu unterhalten«.

Schritt 5: Dank an den Connector und Kontaktaufnahme mit dem Giver beim Wunscharbeitgeber

Nun ist es am Seeker, sich für die Vernetzung beim Connector zu bedanken und in der gleichen Nachricht den Giver anzusprechen. Am besten macht der Seeker das, indem er auf die Nachricht des Connector schriftlich antwortet. In dieser Antwort kann der Seeker, nach einem kurzen Dankeschön an den Connector, den Giver um ein Gespräch oder ein Treffen bitten. Die Reaktion des Seeker kann also in etwa so formuliert sein:

- »Lieber Connector, vielen Dank für die Vernetzung mit dem Giver. Gern erwidere ich bei Gelegenheit diesen Gefallen.«

- »Lieber Giver, es freut mich sehr, Dich auf diesem Wege kennenzulernen. Ich würde gern mehr über Deine Organisation erfahren. Würdest Du mir eine (halbe) Stunde Zeit schenken? Wollen wir uns in der kommenden Woche zu einem Telefonat verabreden oder auf einen Kaffee treffen?«

Je nach Netzwerk-Stärke (vgl. Kapitel 5) zwischen Connector und Giver wird es mit höherer oder mit einer weniger hohen Wahrscheinlichkeit zu einem Treffen zwischen Giver und Seeker kommen. Bei einer hohen Netzwerk-Stärke zwischen Giver und Connector wird der Giver bemüht sein, der Bitte des Connector zu entsprechen. Vielleicht bietet diese Situation dem Giver ja die Möglichkeit, dem Connector eine vergangene Gefälligkeit zu erwidern.

Ich erinnere noch einmal daran, dass diese Schritte während der Jobsuche dazu dienen, die Pain-Points einer Organisation oder eines Jobs zu identifizieren, bevor eine offizielle Bewerbung verfasst wird.

Schritt 6: Netzwerk-Gespräch mit dem Connector/ Giver beim Wunscharbeitgeber

Es empfiehlt sich aus meiner Erfahrung, den Connector oder Giver nie direkt auf die Jobsuche anzusprechen.
Die Frage »Hast Du einen Job für mich?« sollten Sie unter allen Umständen vermeiden. Viel besser ist der Ansatz: »Ich würde gern mehr über die Firma A erfahren, in der Du arbeitest.«
Die meisten Menschen, die ich kennengelernt habe und mit denen ich in den vergangenen Jahren zusammengearbeitet habe, ziehen sich bei der Frage »Hast Du einen Job für mich?« zurück, denn sie haben Angst, keine Lösung liefern zu können. Die Frage »Hilfst Du mir, Deine Firma besser zu verstehen?« führt derweil meistens zu einem offenen und interessierten Gespräch, denn der Giver ist ja häufig stolz darauf, bei dieser Organisation zu arbeiten – und redet entsprechend gern darüber.

Nehmen wir nun einmal an, dass sich Seeker und Giver an einem Dienstag zu einem Kaffee treffen. Der Giver weiß um den Grund des Treffens (vgl. Task), weiß also, dass der Seeker z. B. mehr über seine Organisation erfahren möchte.
Zu Beginn des Treffens sollte der Seeker nun das Gespräch aufnehmen und sich mit ein paar Worten vorstellen (vgl. Erfolgskonzept Mantra). Kurze Vorstellungen sind hierbei entscheidend, denn wer mag schon einer anderen Person bei einer langen Selbstdarstellung zuhören? Hier ein paar mögliche Anfangs-Dialoge:

- »Lieber Giver, vielen Dank für die Möglichkeit, Dich hier zu treffen. Es war wirklich sehr nett vom Connector, dass er uns beide vernetzt hat. Ich habe den Connector über einen gemeinsamen Bekannten kennengelernt. Wie hast Du den Connector kennengelernt?«

oder:

- »Lieber Giver, vielen Dank für die Möglichkeit, Dich hier zu treffen. Es war wirklich sehr nett vom Connector, dass er uns beide vernetzt hat. Ich habe den Connector über einen gemeinsamen Bekannten kennengelernt. Ich bin derzeit in der beruflichen Neuorientierung und würde in diesem Zusammenhang gern mehr über Deine Organisation erfahren.«

Als Seeker sollten Sie bereits im Vorfeld des Treffens mit dem Giver eine Reihe von relevanten Fragen formuliert haben, analog zur Entwicklung eines Tasks, der ebenfalls am besten schriftlich und vorab formuliert wird.
Fragerunde 1: Nach einer kurzen Einführung sollte der Seeker dann die erste vorformulierte Frage an den Giver richten, deren Beantwortung hoffentlich etwas Klarheit über die Pain-Points der Organisation bringt.
Tipp: Die Antwort des Giver sollte vom Seeker dazu genutzt werden, aus der eigenen beruflichen Erfahrung ein Beispiel anzuführen, das erstens zum Beispiel des Giver passt und das zweitens aufzeigt, dass der

Seeker bereits eine ähnliche Erfahrung, möglichst mit einem positiven Ausgang, gemacht hat. Dies gibt dem Giver nicht nur das Gefühl, dass der Seeker zugehört hat, sondern zeigt auch, dass er eine möglicherweise für die Organisation relevante Erfahrung hat.
Fragerunde 2: Nun kann der Seeker die zweite (vorab formulierte) Frage an den Giver richten. Wieder ist die Hoffnung, dass die Antwort des Giver dem Seeker einen weiteren Einblick in die Pain-Points der Organisation liefert.
Tipp: Auch nach der zweiten Antwort sollte der Seeker ein Beispiel aus der eigenen professionellen Vergangenheit anführen, um dem Giver mögliche Parallelen zur eigenen beruflichen Erfahrung aufzuzeigen.
Nun folgen weitere Fragerunden mit dem gleichen Ablauf. Wenn dieses Frage-und-Antwort-Spiel vom Seeker richtig gesteuert wird, hat der Giver wahrscheinlich am Ende des Gesprächs einen recht guten Eindruck davon, wer der Seeker ist und welche relevanten Erfahrungen der Seeker vorzuweisen hat.
Diese vom Seeker aktiv herbeigeführte Situation eines persönlichen Treffens bietet ihm nun die Möglichkeit, die vier, aus meiner Sicht wichtigsten Netzwerk-Fragen zu stellen:

Netzwerk-Frage Nr. 1:
»Glaubst Du, lieber Giver, dass jemand mit meinem Erfahrungshintergrund in Deine Organisation passt?«
Auf diese Frage gibt es zwei mögliche Antworten, »ja« und »nein«. Sollte der Giver mit »ja« antworten, folgt nun Netzwerk-Frage Nr. 2. Wenn die Antwort »nein« lautet (z. B., weil die Firma umstrukturiert oder weil das eigene Profil nicht passt), kommt Netzwerk-Frage Nr. 3 zum Einsatz.

Netzwerk-Frage Nr. 2:
»Mit wem sollte ich in Deiner Organisation ein Gespräch führen? Und würdest Du mich bitte intern vernetzen?«

Diese Frage ermöglicht es dem Seeker, einen weiteren Warm Call von dem Giver zu erhalten. Eventuell helfen diese Frage und dieses Vorgehen auch dabei, die internen »Algorithmen«, die im Rekrutierungsprozess häufig zur Anwendung kommen, zumindest teilweise zu umgehen.

Netzwerk-Frage Nr. 3:
»Mit wem in Deinem Netzwerk sollte ich ein Netzwerk-Gespräch führen? Was benötigst Du von mir, um mich mit diesen Personen zu vernetzen?«
Die Frage, ob der Giver (der nun eventuell die Rolle eines Connector einnimmt) weitere Informationen oder Referenzen benötigt, um den Seeker zu vernetzen, dient dazu, dem Giver/Connector Sicherheiten anzubieten, um ein befürchtetes Reputationsrisiko zu verringern.
Im ersten Schritt sollte diese Frage ganz offen gestellt werden. Der Seeker hat ja schließlich das Interesse, dass der Giver/Connector gedanklich im gesamten eigenen Netzwerk nach relevanten Kontakten sucht und diese dann anbietet.
Nur in einem zweiten Schritt, also wenn der Giver/Connector keinen konkreten Netzwerk-Kontakt aufbietet, kann und sollte der Seeker den Giver/Connector mit einer Rückfrage um gezielte Kontakte bitten, z. B. mit: »Kennst Du eine Person in Firma B oder Firma C?«
Versuchen Sie, aus jedem Warm Call mindestens einen weiteren Warm Call zu erhalten. Sonst beginnen Sie wieder bei einem Cold Call.

Netzwerk-Frage Nr. 4:
Der Seeker kann die Power-Frage **»Wie kann ich helfen?«** natürlich an jeder Stelle im Netzwerk-Gespräch anbringen.
Wie gesagt: Mag sich diese Frage für die eine oder den anderen auch anmaßend oder unpassend anhören, so garantiere ich Ihnen doch, dass sie die Dynamik beim Netzwerken vollkommen verändert – und zwar zum Besseren. Schon beim dritten oder vierten Mal wird Ihnen auf-

fallen, wie einfach Sie die Power-Frage in einem Netzwerk-Gespräch anwenden können und welche positive Auswirkung die Power-Frage auf die Gesprächsdynamik hat.

Die Power-Frage öffnet Türen und neue Horizonte. Das ist nicht nur meine persönliche Erfahrung aus mehr als 15 Jahren ihrer Anwendung. Dies entspricht auch den hunderten von Rückmeldungen meiner Klienten und Klientinnen, die die positive Reaktion in der Netzwerk-Dynamik am eigenen Leib erlebt haben.

Schritt 7: Bewerbung beim Wunscharbeitgeber

Im Nachgang zu dem oben beschriebenen Prozess, durch den der Seeker mehr über den Pain-Point seines Wunscharbeitgebers in Erfahrung bringen konnte, kann er nun die Bewerbung einreichen und dabei die eigenen in der professionellen Vergangenheit erreichten Resultate (Leistungen) darstellen, die für die Lösung des Pain-Points relevant sind. Hierbei ist es wichtig, dass die Resultate, die er anführt, möglichst numerisch gestaltet sind bzw. auf Fakten basieren. Je numerischer oder »Daten-lastiger« die angeführten Resultate sind, desto eher bergen sie die Chance, als Lösung der Pain-Points angesehen oder validiert zu werden.

Der Erfolg einer Bewerbung wird mit der richtigen Auswahl von relevanten Resultaten wahrscheinlicher. Dabei ist es nicht so wichtig, ob die Bewerbung online erfolgt und dann mit ziemlicher Sicherheit von Algorithmen bearbeitet wird oder ob sie durch weitere Netzwerk-Verbindungen erfolgt.

Abschließende Überlegungen zu den sieben Schritten

Natürlich ist auch das Befolgen der sieben Schritte der Jobsuche kein Garant für Erfolg – allerdings können sie, wenn die Schritte strukturiert und diszipliniert wiederholt werden, den Prozess der Jobsuche maßgeblich beschleunigen. Dies illustriert das folgende Beispiel aus meiner Beratungspraxis:

Beispiel: Mit Geduld und Strukturiertem Netzwerken zum Wunschjob

Eine Klientin und ehemalige Partnerin eines führenden Strategieberatungsunternehmens nahm sich meine Handlungsanweisungen zum Thema Netzwerken sehr zu Herzen. Sie hatte verstanden, dass ihr nächster Job mit einer an Sicherheit grenzenden Wahrscheinlichkeit über das Netzwerken kommen würde. Sie verband meine Empfehlungen zum Strukturierten Netzwerken mit ihrer Kompetenz als Strategieberaterin und betrieb ihren Netzwerk-Aufbau wie eines ihrer Beratungsprojekte: äußerst strategisch und systematisch.

Im gemeinsamen Beratungsgespräch schärfte sie zunächst ihre Vorstellung der Wunschrolle (Schritt 1). Sie begann den Prozess der Suche nach Personen in ihrem Netzwerk, die als Connector zu einer solchen Rolle dienen könnten (Schritt 2). Dieser Prozess begann mit einer leeren Tabelle, in die sie im Laufe der Zeit dutzende, vielleicht sogar hunderte von neuen Kontakten eintrug und in der sie dabei jeweils vermerkte, über wen der Kontakt zustande kam und über welches Thema sie mit dem Kontakt gesprochen hatte. Sie formulierte einen Task, indem sie sich ihre frühere Rolle und ihre zukünftige Wunschrolle beschrieb, und begab sich auf eine intensive Netzwerk-Reise (vgl. oben, Schritt drei bis sechs). In jedem Netzwerk-Gespräch wendete sie die Netzwerk-Frage Nr. 3 an, um so aus jedem Gespräch mindestens einen weiteren Warm Call zu erhalten. Auf diese Weise »explodierte« ihre Kontaktliste geradezu. Aus den ersten Gesprächen mit Personen aus ihrem bereits vorhandenen Netzwerk erwuchsen zwei neue Kontakte, daraus wiederum erwuchsen vier neue Kontakte, daraus acht neue Kontakte usw.

Nach nur drei Monaten hatte sie ein erstes spannendes Jobangebot auf dem Tisch, das sie allerdings ablehnte. Nach fünf Monaten erhielt sie das zweite Angebot, das sie ebenfalls ausschlug. Nach sechs Monaten wurde ihr eine Führungsrolle angeboten, die sie annahm und die sie zum Zeitpunkt des Erscheinens dieses Buches noch immer innehat.

Es ist bemerkenswert, dass Strukturiertes Netzwerken nicht nur bei der Jobsuche im eigenen Heimatmarkt funktioniert, sondern in der genau gleichen Weise auch dazu genutzt werden kann, einen Job in einer weit entfernten Wunschregion zu bekommen. Ich möchte hierzu ein weiteres reales Beispiel aus meiner Beratung heranziehen.

Beispiel: Durchstarten in Asien

Ein Klient aus der Schweiz war mit der Bitte an mich herangetreten, ihm bei der Jobsuche in Asien zu helfen. Zum Zeitpunkt unseres ersten Gesprächs war meinem Klienten weder sein Zielland noch die Zielindustrie oder die Zielrolle bekannt. Wir begannen den Prozess seiner beruflichen Neuorientierung zunächst mit der Definition seiner Haupterfolge und der Entwicklung einer klaren eigenen Marke.

Im Anschluss erlernte mein Klient die in diesem Buch beschriebenen Kernkonzepte des Netzwerkens. Da weder mein Klient noch ich genau wussten, in welches asiatische Land es ihn ziehen würde, vernetzte ich ihn gleich mit vier Personen aus meinem persönlichen Netzwerk, einer Person in China, einer Person in Hongkong, einer Person in Singapur und einer Person in Indonesien.

Aus diesen vier Kontakten und unter Anwendung insbesondere der Netzwerk-Frage Nr. 3 (»Mit wem in Deinem Netzwerk sollte ich ein Netzwerk-Gespräch führen? Was benötigst Du von mir, um mich mit diesen Personen zu vernetzen?«) resultierten recht schnell zehn neue Kontakte in verschiedenen Ländern Asiens. Es wurde meinem Klienten dann klar, dass Vietnam sein Zielland sein würde.

Etwa 15 Monate nach unserem Erstkontakt berichtete mir mein Klient, dass er sich in Vietnam etwa 150 neue Kontakte erarbeitet und inzwischen die Rolle des Managing Director eines Industrieunternehmens mit 2.000 Mitarbeitenden übernommen hat.

Eine beachtliche Leistung, die auch auf die Beharrlichkeit und die Risikobereitschaft meines Klienten zurückzuführen ist, die aber ohne Strukturiertes Netzwerken in dieser Form nicht möglich gewesen wäre.

»The Power of Connecting« – ein Spiel für alle

Allzu oft ergeben sich Netzwerk-Gelegenheiten, ohne dass diese gewinnbringend genutzt werden. Was nutzt es dem oder der einzelnen Netzwerk-Teilnehmenden, wenn man sich zwar kennengelernt hat, aber der neue Kontakt in der Folge nicht sinnvoll genutzt wird?

In der Interaktion mit meinen Klienten und Klientinnen höre ich häufig das Vorurteil, dass Personen aus anderen Industrien oder Funktionen unmöglich von Nutzen sein könnten. Man selbst suche ja einen Kontakt in Industrie A oder Funktion B. Der Netzwerk-Kontakt komme aber aus Industrie B oder Funktion A und könne daher unmöglich helfen. Ich bin davon überzeugt, dass in diesem Argument ein wesentlicher Punkt übersehen wird. Auch wenn die Kontaktperson aus einer anderen Industrie oder aus einem anderen Funktionsbereich kommt, kann es doch sein, dass sie einen relevanten oder passenden Kontakt im gesuchten Ziel-Umfeld besitzt. Um herauszufinden, ob dem so ist, müssen Sie als Seeker allerdings gezielt nachfragen. Ich habe zu diesem Zweck die Übung »The Power of Connecting« entwickelt. Hierzu braucht es eine beliebige Anzahl von aktiven Teilnehmenden. Diese können dabei nacheinander nach konkreten Kontakten zu einzelnen Personen oder Organisationen fragen und die anderen Teilnehmenden können überlegen, ob sie diese Kontakte kennen.

Zu Beginn nennt ein erster Seeker den Task, z. B.: »Ich suche einen Kontakt in die Firma A.« Dann überlegen die anderen Teilnehmenden (Connector und Giver), ob sie in ihrem jeweiligen Netzwerk den entsprechenden Kontakt haben. Sollte dies der Fall sein, so hat der Seeker dann die Aufgabe, mit dem entsprechenden Connector/Giver die nächsten Schritte zu besprechen. Wichtig: **Der Seeker hat eine Holschuld, Connector und Giver haben keine Bringschuld.**

Je größer die Zahl der an dieser Übung teilnehmenden Personen ist, desto höher ist die Chance auf Erfolg. Diese Übung kann aber auch in ganz kleinen Gruppen bereits erstaunliche Erfolge erzielen.

Reflexion, Impulsfragen und Übungen zu Kapitel 7

Wenn Sie gerade einen neuen Job suchen und erkannt haben, dass das Strukturierte Netzwerken Ihnen hierbei entscheidende Vorteile bringen kann, leiten Sie die folgenden Fragen gezielt durch den oben beschriebenen Prozess.

1. Welchen Pain-Point sollte mein zukünftiger Arbeitgeber haben, so dass ich mit meiner eigenen Marke der ideale Kandidat bzw. die ideale Kandidatin dafür bin? Welcher Arbeitgeber könnte dies also konkret sein? Nehmen Sie dazu die Perspektive des Wunscharbeitgebers ein und notieren Sie für jeden möglichen Arbeitgeber den Pain-Point.
2. Gibt es in meinem Netzwerk bereits jemanden, mit dem ich mich über die Pain-Points meines Wunscharbeitgebers gezielt austauschen kann? Oder: Wer in meinem Netzwerk kann mich mit relevanten Personen bei diesem Arbeitgeber in Verbindung bringen? Notieren Sie mögliche Connector bzw. Giver und treten Sie in Kontakt.
3. Austausch mit dem Connector/Giver über den Task:
   Was genau möchte ich? (vgl. Task)
   Wie gut kennt mein Connector den Giver (vgl. Netzwerk-Stärke)?
   Hinweise zur Formulierung des Tasks finden Sie in Kapitel 3. Hier ist wichtig, dass es um einen Austausch über die Pain-Points des Wunscharbeitgebers geht. Beachten Sie dabei das Mantra: verständlich – relevant – leicht zu behalten und zu reproduzieren.
4. Lassen Sie sich vom Connector mit einem oder mehreren Givers bzw. weiteren Connectors verbinden – am besten durch eine persönliche Nachricht oder Vorstellung. Geben Sie sich nicht mit dem bloßen Kontakt und dem Hinweis, sich auf den Connector berufen zu können, zufrieden.
5. Treten Sie in Kontakt mit dem Giver. Dazu danken Sie zunächst dem Connector, stellen sich dann dem Giver mit Ihrem Anliegen

vor und vereinbaren ein Netzwerk-Gespräch – am besten persönlich. Auch hier gilt: verständlich – relevant – leicht zu behalten und zu reproduzieren.

6. Führen Sie das Netzwerk-Gespräch mit mehreren Fragerunden, wie oben beschrieben, und den klassischen Netzwerk-Fragen. Zur Erinnerung: Es geht darum, die Pain-Points des Arbeitgebers herauszufinden, um sich dann entsprechend »verkaufen« zu können.
   Netzwerk-Frage 1: »Glaubst Du, lieber Giver, dass jemand mit meinem Erfahrungshintergrund in Deine Organisation passt?«
   Netzwerk-Frage 2: »Mit wem sollte ich in Deiner Organisation ein Gespräch führen? Und würdest Du mich bitte intern vernetzen?«
   Netzwerk-Frage 3: »Mit wem in Deinem Netzwerk sollte ich ein Netzwerk-Gespräch führen? Was benötigst Du von mir, um mich mit diesen Personen zu vernetzen?«
   Netzwerk-Frage 4 (die Power-Frage): »Wie kann ich helfen?«
7. Bearbeiten Sie Ihre Bewerbungsunterlagen so, dass Ihr Profil eine Antwort auf die Pain-Points des Arbeitgebers ist. Nennen Sie konkrete Ergebnisse aus Ihrer Karriere, die dies belegen. Bitten Sie nach Möglichkeit andere Personen (z. B. einen Partner, ein Familienmitglied, eine Kollegin), Ihre Bewerbungsunterlagen auf Ergebnisorientierung und Klarheit zu prüfen. Dann senden Sie die Bewerbung ab – viel Erfolg!

8. Bestens bekannt – Netzwerken innerhalb der eigenen Organisation

Wie die beiden Anwendungsfälle des Netzwerk-Events und der Jobsuche gezeigt haben, hilft Strukturiertes Netzwerken bei der Lösung individueller Anliegen, weil Sie dadurch Netzwerk-Kontakte innerhalb und zwischen unterschiedlichen Organisationen gewinnen und nutzen. In diesem Kapitel soll nun deutlich werden, dass nicht nur Einzelpersonen, sondern auch Organisationen insgesamt ein Interesse daran haben sollten, dass ihre Mitglieder aktiv und strukturiert netzwerken.
Je größer eine Organisation ist, desto schwieriger wird oft der systematische Wissensaustausch über die einzelnen Bereiche hinweg. Auch wenn das gesuchte Wissen oder die entscheidende Antwort auf eine Frage irgendwo in der Organisation vermutet wird, so stellt sich doch die Frage, wo und bei welcher Person es oder diese zu finden ist. Strukturiertes Netzwerken ist eine wirksame Methode, dieses häufig mehr oder weniger implizite Wissen aufzuspüren. Aus meiner eigenen Erfahrung kann ich berichten, dass viele Unternehmen technologische Lösungen zum Auffinden von Wissen implementiert haben, diese aber häufig nicht zum erhofften Erfolg führen. Dass ein technisches Tool kein Selbstläufer ist, sondern dass ein Erfolg beim Wissensaustausch neben einem Tool auch die menschliche Komponente erfordert, zeigt das Beispiel weiter unten.
Darüber hinaus erfordert Projektarbeit, die in vielen Organisationen heute die Arbeitsmethode der Wahl ist, gezieltes Interagieren von Mitarbeitenden aus ganz unterschiedlichen Bereichen. Dazu werden geeignete Mitarbeitende identifiziert, gezielt Projektabläufe abgestimmt und relevante Entscheidungsträger einbezogen. Die Struktur dieses

Prozesses und das damit verbundene Vorgehen legen nahe, dass Netzwerken ein zentraler Faktor für den Erfolg der Organisation sowie jedes und jeder einzelnen Mitarbeitenden ist.
Im Folgenden illustriere ich die Bedeutung des Netzwerkens anhand von zwei Beispielen aus meiner Beratung und den aus Teil A dieses Buches bekannten Grundbausteinen und Zusammenhängen.

Beispiel: Regelmäßiges Strukturiertes Netzwerken im Unternehmen. Ein echter Business-Case

Eines der führenden US-amerikanischen Softwareunternehmen systematisierte zu Beginn der 2000er-Jahre den Austausch von Wissen – sowohl innerhalb der Firma als auch mit Kunden. Dieses Unternehmen nutzte zu diesem Zweck ein eigens entwickeltes Nachrichtentool, das einem bekannten Kurznachrichtendienst ähnelt und über das es für alle Mitarbeitenden möglich war, Fragen und Antworten zu verschicken, sie zu Threads zusammenzufassen oder mit einer Art Hashtag zu markieren. Es gab in dieser Firma Personen, die das Tool sehr intensiv nutzten und darüber systematisch Ideen, Wissen oder Kontakte verteilten bzw. darin Fragen platzierten, um an das Wissen anderer Teilnehmender des Systems zu gelangen. In diesem Sinne agierten sie wechselseitig als Seekers (Informationssuchende) oder als Connectors und Givers (Zusammenführende bzw. Informations- und Ideenverteilende). Interessant wird dieses Verhalten im Kontext dieses Buchs, da die Geschäftsleitung die Mitarbeitenden, die besonders aktiv und strukturiert im Sinne des Unternehmens netzwerkten, bewusst in die strategischen Diskussionen zur Weiterentwicklung des Unternehmens mit einbezog. Die Geschäftsleitung hatte den Mehrwert verstanden, den diese Mitarbeiter und Mitarbeiterinnen innerhalb der Firma und bei ihren Stakeholdern generierten. Sie waren besonders gut über das Innenleben der Firma informiert und bekannt dafür, Wissen und Kontakte gezielt weiterzuvermitteln. Über die Follower-Anzahl dieser Mitarbeitenden ließen sich darüber hinaus etwa Ziele gut kommunizieren oder ließ sich Wissen gut durch alle Hierarchieebenen hindurch verteilen. Auch Projekte konnten so immer wieder erfolgreich mit Teilnehmenden, die genau über die richtigen Kompetenzen verfügten, besetzt werden. Die Firma zog also aus dem hohen Vernetzungsgrad dieser Personen nicht nur einen Kommunikationsnutzen, sondern auch einen strategisch-wirtschaftlichen Nutzen, indem Ideen aus der Organisation in die Organisationsentwicklung integriert wurden und neue Organisationsentwicklungen dann erfolgreich im Netzwerk dieser Mitarbeitenden verteilt wurden.

Aus diesem Beispiel lassen sich einige relevante Aspekte in Bezug auf das Netzwerken innerhalb einer Organisation ableiten: Auch innerhalb einer Organisation spielen die drei bereits bekannten Rollen des Seeker, des Connector und des Giver eine zentrale Rolle. Diese Rollen arbeiten zusammen und schaffen Synergien, die Projekte effizienter und erfolgreicher voranbringen, dabei helfen, Wissen auffindbar und nutzbar zu machen, oder sogar einen strategischen und kommerziellen Mehrwert erbringen.
Dabei hat Netzwerken innerhalb des eigenen Arbeitgebers ganz besondere Qualitäten, denn

- das Netzwerk ist klar definiert und bezieht alle Mitarbeitenden des Unternehmens mit ein,
- das Netzwerk ist klar strukturiert – denn es baut auf den verschiedenen Unternehmenseinheiten und Hierarchien auf,
- das Netzwerk hat mehr oder weniger definierte und etablierte Kommunikations-Wege und -Tools (z. B. E-Mail, Videokonferenzen, Meetingstrukturen) und
- das Netzwerken ermöglicht eine klare Positionierung, Sichtbarkeit und Stärkung der eigenen Marke, wodurch dann die eigene Entwicklung und die eigene Karriere wiederum unterstützt wird.

Man könnte also meinen, dass das Strukturierte Netzwerk in der eigenen Firma grundsätzlich einfacher zu bedienen und zu entwickeln ist, als das bei einem externen Netzwerk der Fall ist.

Es gibt aber auch eine Reihe von Gründen, warum das Strukturierte Netzwerken innerhalb der gleichen Organisation limitiert bleibt, etwa:

- Der oder die einzelne Mitarbeitende weiß oftmals nicht um den Wert der eigenen Marke oder des Strukturierten Netzwerkens.
- Der oder die einzelne Mitarbeitende erhält kein systematisches Netzwerk-Training.
- Die Organisation belohnt den strukturierten Austausch von Wissen und Kontakten nicht oder entmutigt die Mitarbeitenden gar durch ungeeignete Anreizstrukturen.
- Anfragen an andere Bereiche werden unklar oder missverständlich formuliert und ergeben dann nur einen begrenzten Nutzen

sowie

- Anfragen aus anderen Bereichen werden halbherzig oder gar nicht beantwortet aufgrund von Konkurrenzdenken und fehlenden übergeordneten Zielen.

Ich lege Arbeitgebern und den einzelnen Mitarbeitenden daher nahe, die bereits oben genannten Faktoren für ein erfolgreiches Netzwerken anzuwenden, die natürlich an die Welt einer Organisation angepasst werden müssen. Aus der Sicht einer Organisation empfiehlt es sich,

- die Themen Wissens- und Kontaktvermittlung des bzw. der Einzelnen in Bezug auf gemeinsame Ziele ergänzend in das Leistungs- und Vergütungsprogramm zu integrieren; zu stark individualisierte Anreize können z. B. die Bereitschaft zum Wissensaustausch hemmen;
- im Rekrutierungsprozess auch die Erfolge des Kandidaten bzw. der Kandidatin im Bereich des Netzwerkens zu prüfen;
- bei anstehenden Beförderungsentscheidungen auch auf die Netzwerkerfolge der zu befördernden Person zu achten;
- interne Mitarbeiter-Rotationen auch unter dem Gesichtspunkt des Netzwerk-Austauschs vorzunehmen;
- Netzwerk-Trainings auf allen Ebenen anzubieten und die Teilnahme ab einer mittleren Hierarchestufe zu empfehlen

sowie

- Netzwerk-Anlässe anzubieten, zu deren Beginn z. B. ein Netzwerk-Training stattfindet.

Auch Mitarbeiter und Mitarbeiterinnen können aktiv zum gelungenen Strukturierten Netzwerken innerhalb einer Organisation beitragen. Für sie empfiehlt es sich,

- für Klarheit der eigenen Marke zu sorgen. (Dafür können die Fragen aus Kapitel 3 mit einem Fokus auf die eigene Organisation angewendet werden: Was sind die eigenen Stärken, Werte und beruflichen Ziele innerhalb der eigenen Organisation? Sich selbst darüber klar zu sein, wie man sich innerhalb der Organisation positionieren kann und möchte, hilft beim selbstbewussten Auftreten als Giver, Connector und Seeker.)
- für Unmissverständlichkeit des eigenen Tasks zu sorgen.
- an internen Netzwerk-Events teilzunehmen.
- an internen Schulungen teilzunehmen.
- in Form der in Kapitel 4 vorgestellten Power-Frage (»Wie kann ich helfen?«) die eigene Hilfe anzubieten.

Während das Beispiel des Softwareunternehmens den Wert des regelmäßigen Strukturierten Netzwerkens illustriert, zeigt das folgende Beispiel, wie Netzwerken gezielt bei der Lösung von Problemen helfen kann, die das Zusammenspiel von mehreren Wissensträgern benötigen.

Beispiel: Gelungene »Unternehmensarchäologie«. Probleme durch Strukturiertes Netzwerken gezielt lösen

Anfang der 2020er-Jahre beriet ich ein europäisches Transportunternehmen. Diese Firma hatte fast 30 Jahre zuvor eine große Anzahl hochkomplexer Verkehrssysteme erworben, die zum aktuellen Zeitpunkt nach langer Nutzungszeit begonnen hatten, technische Probleme zu bereiten. Diese Systeme waren an vielen Infrastruktur-Knotenpunkten verbaut worden. Leider waren zum Zeitpunkt des Erwerbs keine ausreichenden technischen Beschreibungen mitgeliefert worden, so dass die Reparatur der Systeme ohne das entsprechende Wissen nicht machbar schien. Weiterhin war ein Ausbau dieser Systeme und ein damit einhergehender Bezug neuer Systeme wirtschaftlich unrealistisch.

Die technische Abteilung, die mit der Bewältigung dieser Aufgabe beauftragt war, sah sich zunächst mit einem unlösbaren Problem konfrontiert. Darum bat sie mich, mithilfe des Netzwerk-Ansatzes eine Lösung für ihr Problem herbeizuführen.

Wir gingen gemeinsam gemäß den Prinzipien des Strukturierten Netzwerkens vor. Die technische Abteilung benannte einen Kollegen, der als Seeker den Suchprozess führen sollte. Wir konzentrierten uns auf Personen aus dem internen Einkaufsbereich, die in den 1990er-Jahren die entsprechenden Verkehrssysteme eingekauft hatten und von denen wir daher annahmen, dass sie die technischen Parameter der Verkehrssysteme kannten (Givers). Diese Personensuche gestaltete sich allerdings überaus schwierig. Das Unternehmen hatte keine verlässlichen Personaldaten mehr aus dem vergangenen Jahrtausend. Außerdem waren die entsprechenden Personen mit dem technischen Wissen über die Systeme eventuell nicht mehr in ihrer alten Rolle tätig, wahrscheinlich sogar bereits im Ruhestand.

Im ersten Schritt formulierten der Seeker und ich daher einen Task, in dem sowohl die aufgetretenen technischen Probleme als auch das Jahr der Beschaffung, der Hersteller und das Anwendungsgebiet der Systeme beschrieben waren. Im zweiten Schritt führte der Seeker ein Gespräch mit allen Mitarbeitenden des Einkaufsbereichs, die schon länger als drei Jahre dort arbeiteten. Dabei wurde der Task besprochen. Der Seeker ging in diesem Gespräch sehr systematisch vor und fragte seine Einkaufskollegen und -kolleginnen, ob sie:

- Erfahrung mit den entsprechenden Verkehrssystemen hatten?
- Personen kannten, die sich mit den entsprechenden Verkehrssystemen auskannten?

- Personen kannten, die während der letzten drei Jahre den Einkaufsbereich verlassen hatten?
- Personen kannten, die vor mehr als drei Jahren den Einkaufsbereich verlassen hatten?
- von Personen gehört haben, die vor langer Zeit im Einkaufsbereich gearbeitet hatten?

Er notierte sich dabei auch alle genannten Daten der potenziellen Connectors und Givers, inklusive Telefonnummern und E-Mail-Adressen (wenn sie vorhanden waren).
Im dritten Schritt versuchte der Seeker dann mit den genannten Personen in Kontakt zu treten. In den meisten Fällen hatte er dabei Glück und erreichte diese Personen. Es vergingen ein paar Wochen, in denen der Seeker tief in die Vergangenheit der Firma eintauchte und eine Liste von Connectors und potenziellen Givers zusammenstellte.

Dann kam der Durchbruch: Der Seeker konnte tatsächlich zwei Givers identifizieren und auch mit ihnen sprechen, die persönlich Teil des Einkaufprozesses der Verkehrssysteme in den 1990er-Jahren gewesen waren, das relevante technische Wissen noch hatten und daher die entscheidenden Hinweise für die Wiederherstellung und Reparatur der Verkehrssysteme liefern konnten.
Diese Geschichte war ein großer Erfolg für das Thema Wissenstransfer innerhalb der gesamten Firma und natürlich ein Riesenerfolg speziell für den technischen Bereich. Darum teilten die Verantwortlichen von der internen Kommunikation sie voller Stolz und Begeisterung mit allen Mitarbeitenden – und die Geschäftsleitung und alle Beteiligten hofften auf Nachahmung.

Und noch ein Beispiel, das den Nutzen des Strukturierten Netzwerkens für die Akquise und das Business-Development illustriert:

Beispiel: Kaltakquise? Mit Strukturiertem Netzwerken obsolet!

Ende 2024 wurde ich von einem Finanzdienstleister eingeladen, vor der gesamten Geschäftsleitung einen Vortrag zum Thema Netzwerken zu halten. Im Vortrag sollte ich die Frage beantworten, wie das Konzept des Netzwerkens genutzt werden könnte, um schneller und effizienter neue Kundschaft und neuen Umsatz zu generieren.

Im Zentrum meiner Ausführungen stand dabei die in diesem Buch beschriebene Herangehensweise, wie man den Schwerpunkt von Kaltakquise (Cold Call) auf Warmakquise (Warm Call) verlagern kann. Für den Vertrieb des Finanzdienstleisters war diese Frage von entscheidender Bedeutung, da Cold Calls in verschiedenen Formen, etwa per Telefon oder via E-Mail, schon seit einigen Jahren gesetzlich verboten sind.

Ich erklärte, wie die drei Rollen des Seeker, Connector und Giver sowie der Task, die bereits erwähnten Netzwerk-Fragen und das Pain-Point-Konzept miteinander verbunden werden können, um dadurch das Netzwerk gezielt zu vergrößern und dabei neue Geschäftsmöglichkeiten zu erzeugen. Konkret kann das Folgendes bedeuten: Wenn das Unternehmen passende Netzwerk-Events systematisch bespielt und die teilnehmenden Mitarbeiter entsprechend schult, werden Cold Calls unnötig und lassen sich die auf den Events entstandenen Netzwerk-Kontakte leicht in Warm Calls verwandeln. Besucht ein Mitarbeiter etwa grundsätzlich in der Rolle des Seeker ein Event und sammelt Informationen über Kontakte, so kann er über diese Informationen leicht in die Connector- oder Giver-Rolle schlüpfen: Dreht sich das Netzwerk-Gespräch z. B. irgendwann um das Thema »Golf«, so punktet er vielleicht mit Informationen zu besonders empfehlenswerten Trainingsmöglichkeiten oder zur Teilnahme an clubübergreifenden Turnieren und Reisen. Ist der Kontakt einmal entstanden, entfällt auch die Problematik des Cold Calls und lässt sich das Angebot, »mal unverbindlich auf die Anlagestrategie« des Kontakts »zu schauen«, leicht und ohne peinlichen Beigeschmack einstreuen. Eine solche Strategie konsequent und »flächendeckend« zu verfolgen, kann nicht nur helfen, effizienter Kunden zu gewinnen, sondern auch die Qualität der Geschäftsbeziehungen nachhaltig verbessern.

Ein entscheidender Faktor für den kommerziellen Erfolg dieser Methode liegt in der Multiplikation von Geschäftsmöglichkeiten durch bestehende Kontakte. Netzwerken ist weit mehr als nur ein Austausch von Visitenkarten – es ist ein systematischer Ansatz zur Umsatzsteigerung, der gezielt Hebelwirkungen im Marktumfeld nutzt.
Drei wesentliche Gründe für den Erfolg dieses Ansatzes sind:

1. **Vertrauensbasierte Kundengewinnung:** Menschen kaufen bevorzugt von Personen, denen sie vertrauen. Durch das Netzwerk entstehen warme Empfehlungen, die eine deutlich höhere Abschlussquote als klassische Kaltakquise haben.
2. **Effektivere Ressourcenallokation:** Statt unzählige unqualifizierte Leads zu kontaktieren, konzentriert sich dieser Ansatz auf gezielt qualifizierte Kontakte. Das spart Zeit und Kosten im Vertriebsprozess.
3. **Langfristige Umsatzsteigerung durch Beziehungsaufbau:** Während klassische Akquise oft auf kurzfristige Erfolge abzielt, ermöglicht Netzwerken eine nachhaltige Kundenbindung, die kontinuierlichen Umsatz generiert.

Im Nachgang zu meinem Vortrag entwickelte sich eine rege Diskussion in der Geschäftsleitung. Dabei entschied sie auf der einen Seite, wer mit welcher Rolle an den bereits geplanten Netzwerk-Events der Branche teilnehmen würde. Um die Möglichkeiten des Strukturierten Netzwerkens voll auszuschöpfen, ist es sinnvoll, das »Triptychon« der drei Rollen Seeker, Connector und Giver sorgfältig aufzusetzen und alternative Einsatzmöglichkeiten durchzuspielen.
Auf der anderen Seite entstand der Beschluss, dass alle Mitarbeitenden der Vertriebsorganisation eine grundlegende Schulung zum Thema Netzwerken erhalten sollten. Diese Entscheidung und die positive Reaktion der Geschäftsleitung zeigten mir deutlich, dass selbst die obersten Führungsebenen das enorme kommerzielle Potenzial des Strukturierten Netzwerkens erkannt hatten.

Die darauffolgenden Monate waren von konkreten Maßnahmen geprägt, um das neu gewonnene Wissen aktiv in die Unternehmensstrategie zu integrieren. Dabei zeigte sich, dass die konsequente Umsetzung dieser Netzwerk-Prinzipien nicht nur neue Kundschaft brachte, sondern auch zu signifikanten Umsatzsteigerungen führte.

Diese Erfahrung bestätigt: Wer Netzwerken nicht nur als soziale Interaktion, sondern als strategisches Instrument zur Geschäftsentwicklung versteht, kann nachhaltige Wettbewerbsvorteile schaffen und langfristig wirtschaftlichen Erfolg sichern.

Strukturiertes Netzwerken in Organisationen

Zusammenfassung

Ein strukturiertes Netzwerk innerhalb einer Organisation ist weit mehr als ein loses Geflecht von Kontakten. Es ermöglicht gezielten Wissensaustausch, fördert wirtschaftlichen Erfolg, stärkt die Zusammenarbeit und schafft nachhaltige Wettbewerbsvorteile. Die folgenden Punkte zeigen, wie ein systematisches Netzwerk strategisch genutzt werden kann:

1. **Wissen gezielt auffindbar machen**

Unternehmen verfügen oft über enormes Wissen, das jedoch in der Organisation verstreut ist. Strukturiertes Netzwerken ermöglicht es, durch die folgenden Schritte relevante Informationen systematisch zugänglich zu machen.

- Durch einen klar definierten Task werden Wissenslücken identifiziert und gezielt adressiert.
- Seekers, Connectors und Givers spielen dabei eine zentrale Rolle:
  – Seekers suchen aktiv nach Lösungen.
  – Connectors bringen die richtigen Personen zusammen.
  – Givers teilen ihr Wissen und helfen, Lösungen zu finden.

- Mitarbeitende etablieren sich als Experten und Expertinnen und werden sichtbarer – so wird die Bedeutung der persönlichen Marke gestärkt.

2. **Wirtschaftlichen Mehrwert schaffen**
- Netzwerken reduziert Suchzeiten für Wissen und Expertise, was die Effizienz steigert und Kosten spart.
- Die Innovationskraft wächst, indem Wissen gezielt vernetzt und neue Ansätze schneller entwickelt werden.
- Durch Belohnung der Wissensweitergabe und Incentivierung der Zusammenarbeit entsteht eine Kultur des aktiven Teilens – Silodenken wird aufgebrochen.
- Durch einen systematischen Ansatz können Unternehmen schneller auf Marktveränderungen reagieren und ihre Agilität steigern.

3. **Gemeinsame Erfolge ermöglichen**
- Netzwerken schafft Synergien zwischen Abteilungen, Teams und Hierarchieebenen.
- Erfolgreiche Führungskräfte verstehen, dass Leadership und Netzwerken untrennbar verbunden sind:
  - Führungskräfte agieren als Connectors, die Wissensträger vernetzen.
  - Sie fördern eine Kultur der Zusammenarbeit, in der sich Wissenstransfer als Unternehmenswert etabliert.
- Langfristige Geschäftsbeziehungen entstehen nicht nur extern mit Kunden und Kundinnen, sondern auch intern zwischen Fachkräften und Teams.

4. **Wettbewerbsvorteile sichern**
- Unternehmen mit starken internen Netzwerken sind agiler, innovationsstärker und widerstandsfähiger gegenüber Krisen.
- Wissensvernetzung führt zu besser informierten Entscheidungen und schnelleren Problemlösungen.

- Scheinbar unlösbare Probleme werden lösbar, wenn die richtigen Personen mit ihrem Know-how zusammengebracht werden.
- Der kontinuierliche Austausch von Best Practices stärkt die Effizienz und verbessert die Anpassungsfähigkeit an neue Herausforderungen.

5. **Erfolgsfaktor: Strukturierter Netzwerk-Ansatz**

Ohne ein klares System bleibt Netzwerken ineffektiv. Entscheidend sind:

- ein klarer Task, um das Ziel der Vernetzung zu definieren,
- systematische Rollenverteilung (Seeker, Connector, Giver) für gezielte Wissensvermittlung,
- Zeit für den Netzwerk-Prozess, um nachhaltige Effekte zu erzielen.
- Ein strukturierter Netzwerk-Ansatz sorgt dafür, dass Netzwerken nicht dem Zufall überlassen bleibt, sondern gezielt als Instrument zur Unternehmensentwicklung genutzt wird.

Reflexion, Impulsfragen und Übungen zu Kapitel 8

Die folgenden Fragen regen Sie dazu an, Ihr Netzwerk innerhalb Ihrer Organisation zu reflektieren. Dies kann der eigene Arbeitgeber sein, eine Organisation, für die Sie ehrenamtlich tätig sind, oder auch eine andere Organisation, deren Mitglied Sie und innerhalb derer Sie wirksam sind:

- Wie ist Ihre Organisation aufgebaut (z. B. Struktur der Einheiten, Hierarchie)?
- Wie würden Sie die Beziehungen zwischen den Einheiten bzw. innerhalb der Hierarchie beschreiben (z. B. geringer vs. reger Austausch, starke vs. flache Hierarchie, einfacher vs. schwieriger Zugang)?
- Wo in dieser Struktur sind Sie mit Ihrer Rolle eingebettet und welche Verbindungen und Schnittstellen ergeben sich dadurch auf natürliche Weise?
- Gibt es Verbindungen/Schnittstellen, die für Ihre Aufgaben hilfreich wären, die Sie aber derzeit (noch) nicht haben? Warum nicht (z. B. Hindernisse durch implizite Regeln)?
- Welche Kommunikations-Kanäle sind in Ihrer Organisation üblich (z. B. E-Mail, Telefon, Videokonferenzen, Meetingstrukturen)?
- Welche dieser Kanäle können Sie selbst bespielen, für welche benötigen Sie die Zusammenarbeit mit anderen?
- Welche expliziten oder eher impliziten Regeln gelten für den Austausch von Wissen innerhalb Ihrer Organisation? (Etwa: Können Sie über Hierarchie- und Abteilungsgrenzen hinweg Anfragen stellen und beantworten?)
- Wird der Austausch von Wissen belohnt? Wenn ja, wie? Wenn nein, warum nicht?
- Welche Möglichkeiten für das Netzwerken bietet Ihre Organisation an (z. B. Trainings, Events)?

- Sollten Sie in der Rolle einer Führungskraft sein oder im Personalbereich tätig sein, könnten Sie überlegen, mit welchen Prozessen, Abläufen und/oder Incentivierungen Sie das Thema Netzwerken und Wissensaustausch innerhalb Ihrer Organisation stärken können. Welche Hilfe bzw. wen bräuchten Sie bei der Entwicklung und Umsetzung dieser Gedanken?

Nachdem Sie die Situation auf Basis der obigen Fragen analysiert haben, fahren Sie mit der Beantwortung der folgenden Fragen fort:

- Wie würden Sie den Wissensaustausch in Ihrer Organisation beschreiben?
- Welche Möglichkeiten bieten sich Ihnen innerhalb Ihrer Organisation, Ihre eigene Marke zu entwickeln und sichtbar zu machen? Welche davon nutzen Sie schon?
- Wie können Sie in Ihrer Organisation am besten in den Rollen von Seeker, Connector und Giver wirksam werden und die eigene Marke stärken?

Überlegen Sie nun, welche Fragestellung oder welches Problem Sie oder Ihre Einheit im Moment haben, die bzw. das Sie nicht allein lösen können.

- Formulieren Sie einen klaren Task.
- Suchen Sie gezielt nach Personen in Ihrem Firmennetzwerk, die Ihnen mit Wissen, Kontakten oder praktischer Hilfe bei der Lösung des Problems helfen können.
- Lösen Sie den Task gemeinsam und erzählen Sie anderen von Ihrem Erfolg.

So werden Sie zu einem Botschafter des Netzwerkens.

9. Gewinn garantiert – Unternehmenskooperationen

Netzwerke und Ökosysteme: Katalysatoren für Erfolg

Während wir in den bisherigen Kapiteln das Netzwerken zwischen Individuen betrachtet haben – innerhalb und außerhalb definierter Organisationen –, wechseln wir nun die Perspektive und beleuchten den Wert von Netzwerken und Ökosystemen zwischen Organisationen. Wenn ich in diesem Buch von Ökosystemen spreche, so meine ich Ökosysteme im sozioökonomischen Zusammenhang. Diese Ökosysteme bestehen aus Partnerschaften zwischen Organisationen mit dem Ziel, gemeinsam Probleme zu lösen, die eine Organisation allein nicht lösen kann.

Ökosysteme fördern Entwicklung, Innovation und schaffen Arbeitsplätze

Ökosysteme unterstützen Organisationen dabei, Arbeitsplätze zu schaffen, indem sie Unternehmertum, Skill-Entwicklung und inklusive Wachstumsansätze fördern. Ein Beispiel dafür sind Start-up-Ökosysteme, die aus Inkubatoren, Beschleunigern, Investoren und Mentoren bestehen. Diese fördern neue Unternehmer und Unternehmerinnen und schaffen durch folgende Maximen eine Innovationskultur:

1. **Unterstützung von Unternehmern:** Ökosysteme helfen Start-ups, indem sie wertvolle Ressourcen und Netzwerke bereitstellen.

2. **Zusammenarbeit fördert Talente:** Die Partnerschaft zwischen Industrie, Hochschulen und Regierung entwickelt Fähigkeiten und schließt Wissenslücken.
3. **Vielfalt und Inklusion:** Indem Ökosysteme unterschiedliche Gruppen einbeziehen, stärken sie marginalisierte Gemeinschaften, was zu gerechtem Wirtschaftswachstum und niedrigeren Arbeitslosenzahlen führt.

Im Folgenden geht es darum, wie sich diese Art der Zusammenarbeit aufbauen lässt und wie sich dadurch organisatorische und kommerzielle Vorteile erarbeiten lassen.

Ökosysteme fördern Nachhaltigkeit

In der Unternehmenslandschaft stehen Ökosysteme für miteinander verbundene Netzwerke von Organisationen, Lieferanten, Kunden und Interessensgruppen, die zusammenarbeiten, um Werte zu schaffen. Ökosystempartnerschaften fördern die Nachhaltigkeit durch den Austausch bewährter Verfahren und die gemeinsame Bewältigung ökologischer Herausforderungen. Die Wahrnehmung der sozialen Verantwortung der Unternehmen wird vereinfacht und gestärkt.

Ökosysteme fördern soziale Lösungen

Ökosystembasierte Ansätze bieten ganzheitliche Lösungen für gesellschaftliche Herausforderungen, fördern eine nachhaltige Entwicklung und die Widerstandsfähigkeit von Gemeinschaften. Ökosysteme für soziale Innovation nutzen eine sektorübergreifende Zusammenarbeit, um dringende Probleme wie Armut, Gesundheitsversorgung und Bildung anzugehen. Durch die Integration verschiedener Perspektiven und Ressourcen entstehen in diesen Ökosystemen skalierbare Lösungen mit dauerhafter sozialer Wirkung. Öffentlich-private Partnerschaften (Public-private-Partnerships, vgl. Kapitel 10) in Ökosystemen des Gesundheitswesens erleichtern zum Beispiel den erschwinglichen Zugang zu grundlegenden Dienstleistungen.

Kollaborative Ökosysteme meistern komplexe Herausforderungen

Unternehmen stehen heute oft vor Herausforderungen, die zu komplex sind, um sie allein lösen zu können – kollaborative Ökosysteme schaffen hier Abhilfe. Der Aufbau solcher Ökosysteme ist jedoch mit erheblichen Herausforderungen verbunden, insbesondere für Unternehmen und Mitarbeitende, die nicht an solche Partnerschaften gewöhnt sind. Ein Hauptproblem ist der Mangel an Erfahrung und Wissen, um geeignete Mitstreitende zu identifizieren und produktive Kooperationen aufzubauen.

Unternehmen können Schwierigkeiten haben, die richtige Mischung an Teilnehmenden, einschließlich Lieferanten, Kunden, Konkurrenz und sogar Non-Profit-Organisationen, zu bestimmen, die zur Lösung des Problems beitragen können. Die Unsicherheit, wie geistiges Eigentum zu teilen ist, proprietäre Informationen zu schützen sind und der Wert unter den Mitgliedern des Ökosystems fair zu verteilen ist, fügt eine weitere Komplexitätsebene hinzu. Diese Unsicherheit kann zu Misstrauen und Zögern führen und so die Bildung starker Partnerschaften behindern.

Eine weitere bedeutende Herausforderung besteht darin, unternehmensinterne und -externe Grenzen zu überwinden. Innerhalb der Unternehmen kann es zu Widerstand durch Mitarbeitende kommen, die es gewohnt sind, innerhalb traditioneller, hierarchischer Strukturen zu arbeiten, und skeptisch gegenüber den möglichen Vorteilen von unternehmensübergreifenden Kooperationen sind. Dieser Widerstand kann aus Angst vor Arbeitsplatzverlust, vor dem Verlust der Kontrolle über Entscheidungsprozesse und aus Sorge über die Verwässerung der Unternehmenskultur resultieren.

Extern agieren Unternehmen oft innerhalb etablierter Grenzen, die ihre Marktrollen und Wettbewerbslandschaften definieren. Diese Grenzen zu überwinden, erfordert einen grundlegenden Wandel in der Denkweise, von ausschließlichem Konkurrenzdenken – im Sinne von »Wir gegen die« – hin zu einer kollaborativen Zusammenarbeit –

im Sinne von »Wir mit anderen«. Bei diesem Umdenken verändern Unternehmen und Mitarbeitende ihre Sichtweise und erkennen potenzielle Mitstreitende nicht mehr (nur) als Rivalen, sondern auch als Mitgestaltende eines gemeinsamen Ökosystems. Dieser Wandel kann in Branchen besonders schwierig sein, in denen starke Konkurrenzkämpfe bestehen oder regulatorische und Compliance-Fragen zusätzliche Hürden für die Zusammenarbeit schaffen.

Die wirtschaftliche Kraft, Geschäftsprobleme durch Ökosysteme zu lösen, ist jedoch real und verlockend. Durch die Bündelung von Ressourcen, Fachwissen und Technologien können Organisationen Probleme effektiver und effizienter gemeinsam angehen, als sie es allein könnten. Ökosysteme ermöglichen die gemeinsame Wertschöpfung und gemeinsame Innovation durch die kollektive Beteiligung aller Teilnehmenden. Diese gemeinsame Wertschöpfung kann zur Entwicklung neuer Produkte, Dienstleistungen und Geschäftsmodelle führen, die innerhalb der Grenzen einer einzelnen Organisation unmöglich zu erreichen wären. Zum Beispiel treibt im Automobilsektor die Zusammenarbeit zwischen Autoherstellern, Technologieunternehmen und Regierungen Fortschritte bei autonomen Fahrzeugen und intelligenten Verkehrssystemen voran. Diese Entwicklungen erfordern eine Mischung aus Fachwissen in Hardware, Software und regulatorischer Navigation, die einzelne Teilnehmende des Ökosystems nicht allein vorweisen und bewältigen könnten.

Darüber hinaus können Ökosysteme das Wirtschaftswachstum fördern, indem sie neue Marktchancen eröffnen und die Markt-Resilienz erhöhen. Durch die Teilnahme an Ökosystemen können Unternehmen ihre Einnahmequellen diversifizieren, neue Kundenkreise erschließen und ihre Innovationsfähigkeit steigern. Die sogenannte Sharing Economy zeigt das Potenzial von Ökosystemen, traditionelle Branchen zu revolutionieren und erheblichen wirtschaftlichen Wert zu schaffen.

Verschiedene Technologie-Plattformen haben in der Sharing Economy Ökosysteme aufgebaut, die Gastgeber, Nutzerinnen, Dienstleister, Verbraucherinnen und andere umfassen, die alle zum Netzwerk bei-

tragen und davon profitieren. Diese Vernetzung verbessert nicht nur die Benutzererfahrung, sondern schafft auch ein robustes und widerstandsfähiges Markt-Ökosystem, das sich an veränderte wirtschaftliche Bedingungen anpassen kann.
Für einzelne Mitarbeitende kann die Teilnahme an einem Ökosystem zu Fähigkeitsentwicklung und beruflichem Wachstum führen. Die Zusammenarbeit über Unternehmensgrenzen hinweg setzt Mitarbeitende neuen Ideen, Technologien und Praktiken aus und fördert eine Kultur des kontinuierlichen Lernens und der Innovation. Sie ermutigt auch zur Entwicklung von Fähigkeiten in Zusammenarbeit, Verhandlung und Partnerschaftsmanagement, die in der modernen Geschäftswelt zunehmend wertvoll sind.
Die Herausforderungen beim Aufbau von Ökosystemen, wie das Überwinden von Unternehmensgrenzen und das Management unterschiedlicher Interessen, sind bedeutend, die Vorteile jedoch ebenso beträchtlich. Die Fähigkeit zur gemeinsamen Wertschöpfung, zur Förderung von Innovationen und zur Erhöhung der wirtschaftlichen Resilienz macht den Aufbau von Ökosystemen zu einer entscheidenden Stellschraube für Unternehmen, die vor komplexen, vielschichtigen Problemen stehen. Da Unternehmen weiterhin in einer zunehmend vernetzten globalen Wirtschaft navigieren, werden diejenigen, die die Macht von Ökosystemen erfolgreich nutzen, besser gerüstet sein, um zu innovieren und zu gedeihen.

Die Grundsätze auf den nächsten Seiten sollen nun all denjenigen helfen, die in einem beruflichen Kontext feststellen, dass es zur erfolgreichen Umsetzung der eigenen Ziele oder zur Lösung des eigenen Problems die Zusammenarbeit verschiedener Stakeholder bedarf – interner sowie externer. Gerne möchte ich diese Personen mit den in diesem Buch bereits beschriebenen Ansätzen zum Netzwerken und den weiterführenden Grundsätzen zum Aufbau eines Ökosystems dabei unterstützen, ihre menschlichen und wirtschaftlichen Ziele zu erreichen.

Das nachfolgende reale Beispiel aus der Wirtschaft erfüllt zwei Zwecke: Erstens illustriert es die Kraft, die ein Ökosystem entfalten kann (im Schriftbild serifenlos gesetzt), und zweitens dient es der Herleitung der zentralen Grundsätze (im Schriftbild regulär gesetzt) zum Aufbau eines solchen Ökosystems in sieben Schritten.

Beispiel: Vom Memorandum zum wirtschaftlichen Ergebnis. Sieben zentrale Grundsätze des Aufbaus eines Ökosystems

Ein führender Pharmakonzern trat mit dem Auftrag an mich heran, rund 100 Mitarbeitern und Mitarbeiterinnen in über 40 Ländern und auf vier Kontinenten bei der Lösung festgefahrener Herausforderungen zu helfen. All diese Herausforderungen hatten gemeinsam, dass eine Lösung nicht im Alleingang zu erreichen war, sondern dass sich ein positives Ergebnis womöglich nur in Kooperation mit anderen Organisationen realisieren lassen würde. Dieser Auftrag erreichte mich nach einer längeren Phase der Reflexion innerhalb des Konzerns, wie man mit dem global zunehmenden Druck auf Innovation und Profitabilität umgehen solle. Das Unternehmen war zu diesem Zeitpunkt mit ganz verschiedenen Herausforderungen konfrontiert. Konkret ging es beispielsweise darum, Lieferungen von Hilfsgütern und Medikamenten in Krisengebiete zu sichern, indem neue Verpackungskonzepte entwickelt wurden, die hitzeresistent waren und auch bei den hohen Temperaturen, die in den entsprechenden Gebieten herrschten, die Haltbarkeit der Produkte garantierten. Aber es gab auch andere Aufgabenstellungen, von denen ich die Lösung einer einzelnen weiter unten noch detailliert aufgreifen werden.

Mein Beratungsmandat belief sich auf rund acht Monate. Zunächst vermittelte ich der Gruppe von Managern aus den verschiedenen Ländergesellschaften die Bedeutung von Ökosystemen und das praktische Handwerkszeug für den Aufbau der Ökosysteme durch Strukturiertes Netzwerken (vgl. Teil A). Danach leitete ich meine Klientel durch die im Folgenden beschriebenen sieben Schritte zum Aufbau und zur Inbetriebnahme eines Ökosystems.

Exemplarisch für diesen Prozess betrachten wir nun den Fall eines Managers, der für ein Land in Lateinamerika verantwortlich war. Er war damit beauftragt worden, ein Medikament für eine seltene Krankheit im Markt zu etablieren. Medikamente für seltene Krankheiten sind häufig kostspielig und helfen (qua Definition) nur einer kleinen Patientengruppe.
Dieser Klient erzählte mir, dass er seit geraumer Zeit vergebens versucht hatte, von der nationalen Gesundheitsbehörde eine Kostenübernahme für das Medikament zu erreichen. Diese Kostenübernahme war für das Pharmaunternehmen essenziell – für diese Landesgesellschaft sogar existenziell, denn ohne Kostenübernahme keine ärztliche Verschreibung, und ohne Verschreibung kein Kauf durch den Patienten, und ohne Kauf kein Umsatz für die Firma. Es ging also für diesen Klienten um nichts Geringeres als um die Frage, ob sein Unternehmen überhaupt in dem Land Lateinamerikas das Produkt würde vermarkten können.

Viele Unternehmen und Industrien kämpfen mit ähnlichen Schwierigkeiten, Problemstellungen und Herausforderungen. Und häufig werden zur Lösung ähnlicher Fragestellungen die Dienste von Lobbyisten herangezogen, die dann versuchen, im Auftrag des Unternehmens die Gunst von Behörden, Regierungen oder anderen Interessensgruppierungen zu beeinflussen.

Den Weg des Lobbyismus hatten mein Klient und dessen Unternehmen allerdings bereits erfolglos beschritten. Mein Klient und ich überlegten deshalb, ob und wie ein Ökosystem im vorliegenden Fall der Nicht-Kostenübernahme durch die nationale Gesundheitsbehörde eine nachhaltig produktive Lösung bringen könnte.
Wir gingen wie folgt vor:

1. Ein Memorandum formulieren (= Task im Ökosystem)

Im ersten Schritt bat ich meinen Klienten (wir bezeichnen diese Person nun wie oben als Seeker), sein Problem schriftlich zu definieren.

Ähnlich der in Kapitel 3 beschriebenen Notwendigkeit, einen Task schriftlich zu fixieren und dann auf Klarheit und Eindeutigkeit zu überprüfen, gilt dies auch für die Beschreibung der Herausforderung, die durch ein Ökosystem behoben werden soll. Der Aufbau und die Entwicklung eines Ökosystems bedürfen häufig einer Vielzahl unterschiedlicher Anforderungen, Kompetenzen, der Beachtung finanzieller Aspekte sowie von Produkt- und Prozessaspekten und vieles mehr. Diese sollten zu Beginn in einem Memorandum zusammengefasst werden. Ein Memorandum ist sozusagen ein »Meta-Task«, der mehrere Tasks beinhaltet.

Der Seeker formulierte in seinem Memorandum die menschlichen und wirtschaftlichen Folgen für die Patienten-Familien, die ohne diese Finanzierungslösung existenzieller Natur waren (»Why?«). Als Nächstes beschrieb er, dass er eine Finanzierungslösung entwickeln wolle, wodurch das Medikament für die seltene Krankheit den Patienten und ihren Familien zugänglich gemacht werden würde. Gleichzeitig benannte er das wirtschaftliche und soziale Potenzial, das in einer Finanzierungslösung liegen würde (»What?«).
Darüber hinaus zeigte sein Memorandum, welche Kompetenzen und Unterstützungen er und sein Arbeitgeber in das Ökosystem einbringen würden und welche Kompetenzen und Unterstützungen von anderer Stelle benötigt würden (»Who?« und »How?«).

Einer der Vorteile eines solchen Memorandums liegt darin, eine einheitliche Gesprächsgrundlage zu schaffen, die bei der Ansprache möglicher Ökosystem-Teilnehmender von entscheidender Hilfe und Orientierung sein kann. Außerdem zwingt das Memorandum den Seeker dazu, konkret auf das Problem, diverse Lösungsmöglichkeiten und auf das idealtypische Ziel schriftlich einzugehen. Mit anderen Worten hilft das schriftliche Formulieren dabei, die eigenen Gedanken zu manifestieren.

Nach einigem Hin und Her, in dem der Seeker ergänzend auch die Check-Fragen aus Kapitel 3[3] angewendet hatte, war die erste Version seines Memorandums fertig und einsatzbereit.

Wie wir im Folgenden sehen werden, muss das Memorandum mit jeder weiteren Organisation im Ökosystem weiterentwickelt werden.

2. *Mögliche Ökosystem-Teilnehmende auswählen*

Im nächsten Schritt diskutierten der Seeker und ich die Frage, ob auch andere Pharmafirmen, die ebenfalls im Bereich der seltenen Krankheiten aktiv waren, national vor dem gleichen Problem der Kostenübernahme stünden. Nach einiger Recherche – auch in und durch unsere(n) Netzwerke(n) – identifizierten wir drei weitere internationale Konzerne, die bislang ihre Medikamente aufgrund mangelnder Kostenübernahmen noch nicht am Markt platzieren konnten. Dann recherchierten wir, ob und inwieweit spezifische Patientenvertretungen und ärztliche Interessenverbände den Bedarf für die Vermarktung von Medikamenten im Bereich einiger seltener Krankheiten unterstützen würden. Zu guter Letzt überlegten wir, welche anderen Organisationen ein mediales oder kommerzielles Interesse an einer erfolgreichen Vermarktung dieser Medikamente haben könnten. Dabei stießen wir insbesondere auf ein Medienunternehmen und eine Versicherungsfirma.

3. *Potenzielle Ökosystem-Teilnehmende ansprechen*

Auf der Liste des Seeker mit den möglichen Ökosystem-Teilnehmenden befanden sich nach der Analyse und Reflexion also etwa ein Dutzend Organisationen, Firmen und Expertengruppen. Alle diese Namen verband gemäß unserer Analyse ein reales Interesse an einer sozioökonomischen Lösung rund um das Thema der Vermarktung von Me-

3 Check-Fragen aus Kapitel 3 (Task): Wer ist der Seeker? Was genau sucht der Seeker? Welchen eventuellen Vorteil könnten Connector oder Giver durch den Task erhalten? Gibt es eventuell eine Belohnung für eine erfolgreiche Vernetzung (vgl. Netzwerk-Suchprämie)? In welchem Zeitrahmen sollte der Task beantwortet werden?

dikamenten für seltene Krankheiten. Die nächste Frage war nun, wie der Seeker die passenden und geeigneten Personen in den jeweiligen Organisationen ausfindig machen und wie er es schaffen würde, mit diesen Personen ins Gespräch zu kommen.

Hierbei ist es wichtig zu beachten, dass zwar Organisationen für die Teilnahme am Ökosystem angesprochen werden sollen, es jedoch immer einzelne Menschen sind, die ihre Organisation im Ökosystem vertreten. Der Erfolg der Ansprache hängt also auch maßgeblich von der Bereitschaft der einzelnen Personen ab, gemeinsam ein Ökosystem zu schaffen, das ohne disziplinarische Führung durch Co-Kreation und Kooperation zusammengehalten wird. Das entstehende Ökosystem soll möglichst nicht durch Konkurrenz, Skepsis oder Ablehnung limitiert werden.
Dies bringt uns nochmals zur Bedeutung des Memorandums zurück (Schritt eins). Dieses sollte anfänglich die übergeordneten und gemeinsamen Ziele so darstellen, dass die angesprochenen Personen und Organisationen sich darin berücksichtigt fühlen. In unserem Beispiel erreichten wir dies durch das Zusammenspiel aus sozialen und kommerziellen Aspekten. Im weiteren Verlauf entwickelten wir das Memorandum mit den ins Ökosystem hinzugekommenen Teilnehmenden weiter.

Der Seeker machte sich nun im Sinne des Strukturierten Netzwerkens auf den Weg, um die Liste möglicher Partnerorganisationen mit den entsprechenden Personennamen zu komplettieren. Er begann mit dem einzigen ihm bekannten Kontakt in einer anderen Pharmafirma, die allerdings nicht im Bereich der seltenen Krankheiten aktiv war. Der Seeker bat seinen Kontakt um ein persönliches Gespräch, in dem er von seinem Memorandum sprach. Er stellte dann in diesem Gespräch eine erste gezielte Kontaktanfrage (vgl. Kapitel 7 »›The Power of Connecting‹ – ein Spiel für alle«). Er erhielt von seinem Bekannten tatsächlich einen ersten relevanten Kontakt in eine Pharmafirma mit dem Schwerpunkt auf seltenen Krankheiten.

Er bat daraufhin seinen Kontakt, als Connector zu agieren und ihn mit der Zielperson (Giver) in dem Pharmaunternehmen zu vernetzen, und gab ihm dazu das Memorandum, das dieser an den Giver weiterreichte. Parallel dazu verfuhr er in gleicher Manier bei der Suche nach Kontakten zu Patientenvertretungen, Medienunternehmen und Versicherungsunternehmen.
Selbstverständlich verlief nicht jedes seiner Gespräche positiv; und nicht jeder seiner Kontakte ermöglichte ihm einen weiteren, neuen Warm Call (vgl. Kapitel 5). Und doch, innerhalb von drei Wochen hatte es der Seeker geschafft, mit fast zwei Dutzend neuer Kontakte persönlich zu sprechen und sein Vorhaben zu erörtern.

4. *Die Netzwerk-Gespräche analysieren und beurteilen*

Im Anschluss an die Phase der Ansprache folgte die Analysephase. Hier beurteilte der Seeker auf Basis der Einzelgespräche die Personen.

Dabei verwendete er folgende Check-Fragen:

- Ist diese Person eher jemand, der handelt, oder jemand, der redet? (»Doer« vs. »Talker«?)
- Ist diese Person eher jemand, der gibt, oder jemand, der nimmt? (»Giver" vs. »Taker«?[4])
- Ist diese Person eher intrinsisch oder eher extrinsisch motiviert? (»intrinsically« vs. »extrinsically motivated«?)
- Ist diese Person eher jemand, der initiiert, oder jemand, der mitläuft? (»Initiator« vs »Follower«?)
- Wie hoch ist die Eigenmotivation der Person, in einem Ökosystem aktiv zu sein?
- Wie passen die Ziele des Memorandums zu den Zielen dieser Person und der jeweiligen Organisation?
- Inwieweit hätte die Person bzw. Organisation einen wirtschaftlichen oder ideellen Vorteil durch den Erfolg des Ökosystems?

4 Vgl. Adam Grant, »Give and Take: A Revolutionary Approach to Success« (Viking, 2013).

- Inwieweit hat diese Person von möglichen Interessenkonflikten gesprochen?

Zu Beginn des Aufbaus sowie in der Anfangsphase der Existenz eines neuen Ökosystems helfen diese Check-Fragen dabei, relevante Teilnehmende zu kategorisieren und einzuordnen sowie weniger produktive oder gar »bremsende« Teilnehmende zu umgehen und zu meiden.
Aus meiner Sicht ist es für den langfristigen Erfolg eines neuen Ökosystems unerlässlich, dass die ersten Teilnehmenden intrinsisch motiviert und als Geber handelnd unterwegs sind sowie über Initiator-Qualitäten verfügen. Ein hohes Maß an Risiko begleitet dagegen ein neues Ökosystem, das vorwiegend aus extrinsisch motivierten Nehmern besteht, die mehr reden als tun und eher mitlaufen als initiieren.
Diese Dynamik ändert sich erfahrungsgemäß über den Lebenszyklus eines Ökosystems. Je stärker das Ökosystem dann entwickelt ist, desto eher können Teilnehmende mit unterschiedlichen Motivationen Teil des Ökosystems sein und gemeinsam Wert schaffen.

5. Co-Kreation: ein Memorandum für alle

Nach den Netzwerk-Gesprächen der ersten Runde und der anschließenden Analysephase durch den Initiator des entstehenden Ökosystems – den Seeker – ging es nun um die Entscheidung, welche Personen wir in den engsten Gründungskreis aufnehmen würden bzw. welche Personen eventuell zu einem späteren Zeitpunkt dazustoßen könnten. Entsprechend der oben angesprochenen Logik verfolgte der Seeker zunächst nur diejenigen Kontakte aktiv weiter, die intrinsisch motiviert waren sowie willens schienen, zu initiieren und zu geben.

Ein weiterer zentraler Schritt zur Gründung des neuen Ökosystems ist es, das Memorandum gemeinsam weiterzuentwickeln, wie oben bereits angesprochen. Die Idee dahinter ist simpel. Anhand des initial formulierten Memorandums handelt der Initiator des neuen Ökosystems nun mit den Kandidaten für den Gründungskreis die Inhalte und Ziele der gemeinsamen Arbeit aus.

In unserem Beispiel versuchte der Seeker zunächst, durch Einzel - oder Gruppengespräche ein für alle Personen gleichermaßen tragbares und relevantes Ziel zu formulieren, bei dem ein mögliches Ergebnis mit der jeweiligen Eigenmotivation der Teilnehmenden in Einklang stand.

Die Personen im Gründungskreis verhalten sich dabei ähnlich wie Verhandlungsführende, die nach einer politischen Wahl einen Koalitionsvertrag aushandeln. Dieser Vertrag muss von allen in der Koalition repräsentierten Parteien getragen werden und zu den eigenen Zielen passen, sonst wird es die Koalition nicht bis zur nächsten Wahl schaffen.
Es ist wichtig zu beachten, dass diese Diskussionen um ein gemeinsames Memorandum nicht mit dem Kollegium aus der eigenen Organisation oder im Freundes- oder Bekanntenkreis geführt werden. Diese Diskussionen, Verhandlungen und Vereinbarungen finden in einem Ökosystem statt, das zwischen verschiedenen Organisationen, Firmen oder anderen Interessenskreisen entsteht. Der Initiator und die ersten Mitstreitenden sollten daher nicht vergessen, dass jeder und jede Einzelne mit einer hohen Wahrscheinlichkeit abhängig ist von den Entscheidungen, Befugnissen und Rahmenbedingungen der jeweiligen Organisation. Die Teilnehmenden des Ökosystems sollten daher behutsam und mit Taktgefühl vorgehen, ohne dabei das eigentliche Ziel aus den Augen zu verlieren. Dabei kann der Initiator (der Seeker) anderen Teilnehmenden des Ökosystems helfen, indem er die in Teil A dieses Buches beschriebenen Netzwerk-Grundlagen teilt und anderen dabei hilft, diese in ihren jeweiligen Organisationen anzuwenden und so die erwünschte interne Unterstützung zu bekommen.
Damit kommt dem Seeker zu Beginn der Verhandlungen und bei der Zusammenführung nicht nur eine wichtige form- und strukturgebende Rolle zu. Als Initiator muss er eben auch mit einem gehörigen Maß an Feinfühligkeit und emotionaler Intelligenz auf die Vorbehalte,

Probleme, Einschränkungen und Rahmenbedingungen der jeweils anderen Organisationen eingehen können, um dann aus allen Strömungen und Einzelzielen ein gemeinsames Memorandum für alle zu schmieden. **Das Starten und Führen eines Ökosystems ist Ecosystem-Leadership.**

6. Co-Innovation: eine Lösung für alle

Nachdem nun alle Beteiligten des Gründungskreises des neuen Ökosystems sich und ihre Ziele in dem gemeinsam entwickelten Memorandum wiederfinden konnten und sich angemessen berücksichtigt fühlten, war es an der Zeit, mit der Hilfe von Kreativkonzepten und durch Nutzung der im Ökosystem vertretenen Erfahrungen, Kompetenzen und Netzwerke einen gemeinsamen Lösungsansatz umzusetzen. Dafür nutzten wir unter anderem »Ideation« (eine Form des gemeinsamen Brainstormings, siehe unten) während eines Co-Innovations-Workshops, um die Kreativität zu fördern und das Wir-Gefühl weiter zu untermauern.

In diesen Co-Innovations-Sessions oder -Workshops können Ideen verfeinert werden, wobei der Fokus auf Machbarkeit, Marktpotenzial oder Übereinstimmung mit den strategischen Zielen der jeweiligen Teilnehmenden liegt. Es liegt auf der Hand, dass diese Einschätzung durch jeden bzw. jede Teilnehmende unterschiedlich ausfallen bzw. interpretiert werden kann. Je facettenreicher das Ökosystem ist, d. h., je breiter und unterschiedlicher der Kreis der Gründungsteilnehmenden ist, desto höher ist auch die mögliche Spannung in dieser Co-Innovations-Phase. So kann es sein, dass der wirtschaftliche und/oder der kommerzielle Erfolg für die eine teilnehmende Person im Vordergrund am wichtigsten ist, während für eine andere teilnehmende Person eher der soziale Aspekt im Zentrum steht.
Ich habe es bereits oben beschrieben, möchte es aber an dieser Stelle noch einmal wiederholen: Man darf nicht vergessen, dass das Ökosystem aus Personen besteht, die in vielen Fällen für ganz unterschiedliche

Organisationen oder Firmen arbeiten. Sicher, die Co-Innovation, wie hier beschrieben, findet in einem relativ geschützten Rahmen statt – und dennoch sollte sich jeder Teilnehmer oder jede Teilnehmerin regelmäßig vergegenwärtigen, dass an diesem Vorhaben ein Personenkreis mit sehr unterschiedlichen Prägungen, Wünschen oder Vorgaben beteiligt ist. Die Teilnehmenden sollten also nicht von sich auf andere schließen, sondern den Austausch und die Brainstorming-Phase dazu nutzen, von den jeweils anderen zu lernen und dabei die Perspektive der anderen einzunehmen.

Meinem lateinamerikanischen Klienten empfahl ich im nächsten Schritt, Prototypen oder Pilotprojekte zu entwickeln, um das gemeinsam entwickelte Konzept (ein Versicherungsprodukt, s. Auflösung unten) zu testen. Dieser Schritt umfasste sowohl die technische Entwicklung als auch das Testen im Markt. Die Markttests ermöglichten durch Iteration, basierend auf dem Markt-Feedback, die Verfeinerung des Lösungsansatzes, bis dieser dann schließlich den Marktbedürfnissen entsprach.
Nun folgte die Phase der Validierung. Die einzelnen Teilnehmenden des Ökosystems sollten sich darauf einigen, wer für das Sammeln von Daten und für das Analysieren der Daten verantwortlich war. Da fast jedes Ökosystem irgendwann mit der Frage der Datenanalyse konfrontiert wird, empfahl ich, dass der Initiator des Ökosystems dieses Thema bereits in den ersten Kennenlern-Gesprächen zur Sprache brachte. Die geschilderten Schritte können natürlich je nach Ziel des jeweiligen Ökosystems variieren.

Ich möchte an dieser Stelle noch einen wichtigen Punkt zum Thema »Führen des Ökosystems« ergänzen. Es ist durchaus in Ordnung, wenn der Initiator die Rolle des Ökosystem-Leiters (Ecosystem-Leader) nicht allein beansprucht oder sie nicht über den gesamten Zeitverlauf beibehält. **Das Schöpferische und Co-Kreative eines Ökosystems entspringt einer mitunter auf viele Schultern verteilten Führungsrolle.**

Ich habe in den vielen Ökosystem-Projekten, die ich selbst begleiten oder beraten durfte, festgestellt, dass es unterschiedliche Kompetenzen beim Auf-, Aus- oder Umbau von Ökosystemen gibt. Während die Gründungsphase (»Community-Building«) häufig viel gemeinsam hat mit den Fähigkeiten, die ein Unternehmer oder eine Unternehmerin in der Frühphase des Unternehmens braucht, erfordert der Ausbau und das Entwickeln eines Ökosystems (»Community-Management«) neben strategischen Fähigkeiten auch Kompetenzen im emotionalen und zwischenmenschlichen Bereich. Es kann also durchaus sein, dass der Initiator in der Gründungsphase genau der oder die Richtige ist, dass aber nachgelagerte Phasen der Entwicklung eines Ökosystems andere Führungspersonen mit anderen Schwerpunkt-Kompetenzen brauchen.

7. Ergebnis, Bewertung und Reflexion

Nach einer intensiven und kreativen Co-Innovations-Phase entwickelten alle Teilnehmenden des Ökosystems zusammen eine marktfähige Lösung ihres gemeinsamen Anliegens. Im obigen Beispiel lag der Kern der Lösung in einem Versicherungsprodukt, das, ähnlich anderen Produkte im Bereich der Krankenversicherung, eine spezifische Zielgruppe ansprechen sollte. In diesem Fall waren junge, verheiratete Paare ohne Kinder die Zielgruppe. Der Mehrwert dieses Produkts umfasste verschiedene Aspekte je nach Zielgruppe:

1. Frisch verheiratete Ehepaare ohne Kinder konnten mit diesem Produkt einen Versicherungsschutz für seltene Krankheiten erwerben. Sollte später ein Kind von einer der versicherten seltenen Krankheiten betroffen sein, wären die entstehenden Kosten für die Familie abgedeckt. Somit war für die Familien das finanzielle Risiko ausgeschaltet. Wenn die Paare gesunde Kinder bekämen, dann würden die gezahlten Prämien dazu genutzt, die Kosten kranker Kinder in anderen Familien zu decken.
2. Die Gesundheitsbehörde war erleichtert, dass ein wertvoller Beitrag für die Bevölkerung geleistet wurde, ohne dass ihr Kosten entstehen würden.

3. Die Ärzte und Interessenvertretungen erzielten einen wesentlichen Meilenstein in der Versorgung von Kindern mit seltenen Krankheiten.
4. Das Versicherungsunternehmen erzielte durch das Prämienvolumen zusätzlichen Umsatz und
5. die beteiligten Pharmaunternehmen konnten endlich ihr Medikament im Markt etablieren und Umsatz generieren.

Das Ökosystem hatte durch die Zusammenarbeit über Organisationsgrenzen hinweg einen Mehrwert geschaffen, der durch die individuelle Arbeit nie zustande gekommen wäre.

Ökosysteme erschaffen eine »Win-win-win-win«-Situation.

Nach der erfolgten Markteinführung fand dann die Bewertung und Reflexion der gemeinsam geleisteten Arbeit statt.

Ich empfehle dabei nicht nur die faktische Bewertung des messbaren Erfolges im Hinblick auf die ursprünglichen Ziele. Genauso wichtig ist das Bewerten der Dynamik, der einzelnen Erfahrungen und des Modus Operandi, also der Vorgehensweise. Insbesondere, wenn (a) das Ökosystem nicht nur von kurzer Dauer sein soll, sondern wenn es weiter über einen längeren Zeitraum bestehen und sich vergrößern soll oder (b) wenn ein Teil der Organisation seine Erfahrungen dazu nutzen soll, um später an anderer Stelle Ökosysteme mit anderen Zielen erfolgreich zu gestalten.

Die Macht der Ökosysteme

Seit der Gründung meiner ersten Firma im Jahr 2013 stelle ich meine Arbeit in den Dienst des Aufbaus von Ökosystemen, denn ich bin zutiefst vom Potenzial überzeugt, dass sich durch ein echtes Miteinander realisieren lässt. Zentraler Bestandteil dieser Arbeit sind seit jeher die Konzepte der Co-Kreation, der Zusammenarbeit und des Strukturierten Netzwerkens. Allerdings waren die ersten Jahre meiner Arbeit nicht durchgehend von Erfolg geprägt. In zahllosen Unterhaltungen und Verkaufsgesprächen mit Top-Entscheidungsträgern, die ich zum großen Teil noch aus meiner Zeit beim Weltwirtschaftsforum kannte, wurde mir zu meiner Arbeit in etwa Folgendes gesagt:

»Sie machen an sich einen sehr überzeugenden Eindruck auf mich, lieber Herr Sudhoff. Aber Ihre Lösungsansätze mit Fokus auf Co-Kreation und Zusammenarbeit hören sich für mich an wie ›Holding hands and singing kumbaya!‹. Was unsere Firma wirklich braucht, sind Umsatzsteigerungen, ein größerer Marktanteil und Profitabilitätsverbesserung – und nicht dieses moderne Zeug.«

Ich gebe zu, dass mich die Wucht und Häufigkeit dieser und ähnlicher Aussagen viele Male an den Punkt gebracht haben, selbst an meiner Überzeugung zu zweifeln.

Heute freue ich mich darüber, dass ich nicht aufgegeben habe, sondern dass ich unbeirrt weiter darauf hingearbeitet habe, den Ökosystem-Gedanken in den Köpfen von Entscheidungsträgern zu etablieren. Heute scheint der Wert der Zusammenarbeit in Ökosystemen im Bewusstsein der Wirtschaft und Gesellschaft zunehmend angekommen zu sein, wie das folgende Beispiel zeigt:

Beispiel: Ökosystem und Unternehmens-Compliance

2024 wurde ich von einer renommierten Business School eingeladen, an einer Podiumsdiskussion zum Thema »Ökosysteme« teilzunehmen. Neben mir nahm an diesem Podiumsgespräch unter anderem auch die Repräsentantin des Innovationsbereichs der NATO teil. Die Tatsache, dass eine Organisation wie die NATO an einem Podiumsgespräch zum Thema Ökosysteme teilnimmt, erfüllte mich mit Erleichterung, Freude und sogar ein wenig Genugtuung.

Während der Podiumsdiskussion – und während der Interaktion mit den etwa 100 anwesenden Zuhörern aus ganz unterschiedlichen Industrien und Sektoren – wurde mir klar, dass der Gedanke einer Zusammenarbeit zwischen verschiedenen Organisationen in einem Ökosystem wohl endlich dabei war, in Wirtschaft und Gesellschaft anzukommen. Ich setze meine Hoffnung hier auf den »Ripple-Effekt«: Wenn selbst eine Organisation wie die NATO, mit all ihren ordnungspolitischen Zwängen, ein klares Bekenntnis zu Ökosystemen abgibt, dann gibt es auch für andere Organisationen bald kein grundlegendes Hindernis mehr, das Gleiche zu tun.

Mit Blick auf die aktuelle Weltlage, in der wir sehr bald vor der Entscheidung stehen werden, ob wir unsere Systeme weiter fragmentieren oder doch versuchen wollen, zusammenzustehen, ist es ein echter Lichtblick, wenn Organisationen wie die NATO oder auch »Bürokratie-Monster« wie Unternehmen der Rüstungsindustrie solche Schritte wagen.

Allerdings tun wir gut daran, die Schwierigkeiten, die etwa in der Phase der Co-Kreation beim Arbeiten in einem Ökosystem auftreten können, nicht zu unterschätzen. Die Compliance erfordert es, dass die für ihr Unternehmen eingesetzten Personen sich besonders in dieser Phase immer das Einverständnis ihrer Vorgesetzten bzw. ihrer Zentrale abholen.

In diesem Sinne ist es von Vorteil, wenn der Gedanke an Ökosysteme und Co-Kreation bzw. Co-Innovation die Chance bekommt, sich von ganz oben in einer Organisation auszubreiten und zu etablieren. Das Weltwirtschaftsforum bot schon einige Male den Rahmen für den eher informellen Gedankenaustausch zwischen den CEOs ganz verschiedener Branchen. Das noch zarte Pflänzchen der Botschaft eines »Was könnten wir gemeinsam Nützliches tun?« bekam dort den Raum, sich zu entwickeln, und die Hürde der überkommenen, aus der Vergangenheit übernommenen »self-limiting beliefs« (vgl. Das eigene Mindset) ließ sich in diesem Kreis recht leicht nehmen. Es lohnt sich, sich immer wieder vor Augen zu führen: Was ist das Schlimmste, was beim Strukturierten Netzwerken passieren kann?

Reflexion, Impulsfragen und Übungen zu Kapitel 9

Dieses Reflexionsangebot richtet sich an diejenigen Leser und Leserinnen, die ein organisatorisches oder kommerzielles Problem lösen wollen, das sie nicht allein oder in der eigenen Organisation bewältigen können. Wenn Ihnen diese Situation bekannt vorkommt, haben Sie vielleicht bereits daran gedacht, Ihr Netzwerk in die Lösungsfindung einzubeziehen.

Eine erste Frage, die Sie dabei leiten kann, ist:
Wäre es denkbar, dass die Co-Kreation und Co-Innovation mit anderen Organisationen überhaupt zu einer Lösung führen kann bzw. dass das gemeinsam erzielte Ergebnis einer individuell erreichten Lösung überlegen ist?
Sollten Sie diese Frage positiv beantworten bzw. das Gefühl haben, dass Sie dies zumindest gerne einmal ausprobieren wollen, helfen Ihnen die nächsten sieben Schritte dabei, als Seeker wirksam zu werden, ein Ökosystem rund um Ihre Fragestellung aufzubauen und gemeinsam Lösungen zu finden.

1. Formulieren Sie Ihr Memorandum.
Nochmals zu Erinnerung: Das Memorandum ist ein »Meta-Task« für die Arbeit im Ökosystem, also ein übergeordneter Task, der mehrere Tasks beinhaltet.
Why?
Schreiben Sie in drei bis fünf Sätzen auf, wie durch die Lösung Ihres Problems ein Mehrwert für Sie, Ihre Organisation und andere Teilnehmende der Gesellschaft erreicht wird. Inwiefern ist mit der Lösung des Problems die Welt ein besserer Ort?
What?
Schreiben Sie möglichst kurz und präzise auf, was Sie bereits über die Art der Lösung für Ihr wirtschaftliches und/oder soziales Problem sa-

gen können und welche möglichen Vorteile diese für andere teilnehmende Organisationen bzw. Interessensgruppen haben könnte.

How?

Schreiben Sie in drei bis fünf Sätzen auf, wie Sie sich die Zusammenarbeit im Ökosystem vorstellen. Diese Beschreibung kann organisatorische und zeitliche Rahmenbedingungen beinhalten.

Who?

Benennen Sie schriftlich,

- wer Sie als Seeker sind sowie welche Kompetenzen und Ressourcen Sie zur Lösung des Problems selbst einbringen können und
- welche Kompetenzen und Ressourcen Sie aus anderen Organisationen zur Lösung des Problems benötigen.

2. Wählen Sie mögliche Ökosystem-Teilnehmende aus.

Überlegen Sie gezielt, welche anderen Organisationen oder Interessensgruppen ebenfalls von Ihrem Problembereich betroffen sein könnten und vielleicht ein Interesse an einer (gemeinsamen) Lösung haben könnten (z. B. Politik, Wirtschaft, Wissenschaft, Zivilgesellschaft). Recherchieren Sie dabei auch mit der Hilfe Ihres Netzwerks.

Nehmen Sie sich vor, mindestens fünf potenzielle Organisationen/Interessensgruppen zu identifizieren, die Sie im nächsten Schritt ansprechen können.

3. So sprechen Sie potenzielle Ökosystem-Teilnehmende an.

Überlegen Sie, wie Sie die in Schritt 2 identifizierte Gruppe von Organisationen/Interessensgruppen gezielt ansprechen können. Denken Sie dabei an Ihre Antworten auf die Reflexions- und Impulsfragen in den Kapiteln 2 bis 5. Treten Sie dann mit Ihrem Memorandum aus dem ersten Schritt an diese Personen heran.

Tipp: Verwalten Sie alle Ihre neuen Kontakte in einer Tabelle nach dem folgenden oder einem ähnlichen Vorbild:

Name Kontakt	Organisation des Kontakts	Ursprung des Kontakts (z. B. Name Connector)	Kontaktdetails (z. B. Telefon-nummer, E-Mail-Adresse)	Datum der Erstansprache	Datum des Follow-ups	Notizen

4. Analysieren und beurteilen Sie die Netzwerk-Gespräche

Nach dem Erstkontakt bewerten Sie Ihre Kontakte nach den folgenden Kriterien:

- Ist diese Person eher jemand, der handelt, oder jemand, der redet? (»Doer« vs. »Talker«?)
- Ist diese Person eher jemand, der gibt, oder jemand, der nimmt? (»Giver« vs. »Taker«?)
- Ist diese Person eher intrinsisch oder eher extrinsisch motiviert? (»intrinsically« vs. »extrinsically motivated«?)
- Ist diese Person eher jemand, der initiiert, oder jemand, der mitläuft? (»Initiator« vs. »Follower«?)
- Wie hoch ist die Eigenmotivation der Person, in einem Ökosystem aktiv zu sein?
- Wie passen die Ziele des Memorandums zu den Zielen dieser Person und der jeweiligen Organisation?
- Inwieweit hätte die Person bzw. ihre Organisation einen wirtschaftlichen oder einen ideellen Vorteil durch den Erfolg des Ökosystems?
- Inwieweit hat diese Person von möglichen Interessenkonflikten gesprochen?

Treffen Sie aufgrund dieser Analyse dann die Entscheidung, ob Sie mit dem entsprechenden Kontakt weiterarbeiten wollen.

5. Co-Kreation: ein Memorandum für alle

Nachdem Sie die Gründungsgruppe für Ihr neues Ökosystem akquiriert haben, ist es Zeit für die gemeinsame Arbeit am Memorandum, um sich gemeinsam besser kennenzulernen, das Wir-Gefühl der Gruppe zu etablieren und das gemeinsame Ziel zu schärfen.
Ich empfehle dazu einen Ideation-Workshop mit Brainstorming-Elementen und ausreichend Zeit für den Beziehungsaufbau. »Ideation« ist eine Vorgehensweise aus dem Ideenmanagement sowie ein Prozess

zur Generierung von Ideen und kommt u. a. im Design-Thinking[5] zum Einsatz.
Bedenken Sie bei der Co-Kreation bereits im Vorfeld die unterschiedlichen regulatorischen und organisatorischen Rahmenbedingungen der einzelnen Teilnehmenden und thematisieren Sie diese im Workshop.
Ziel dieser Phase ist ein Memorandum, das die Ziele und Möglichkeiten aller Teilnehmenden integriert und abbildet.

6. Co-Innovation: eine Lösung für alle

In dieser Phase geht es um die gemeinsame Entwicklung und das Testen von Prototypen und ersten Lösungsansätzen für das gemeinsam definierte Problem. Erwägen Sie eine externe Begleitung dieses Prozesses durch Ökosystem-Fachleute, wenn Sie unsicher sind, ob Sie oder andere Personen aus der Gründungsgruppe diesen Prozessschritt erfolgreich moderieren und durchführen können.

7. Ergebnis, Bewertung und Reflexion

Wenn Sie durch die Co-Innovation zu einer Lösung gefunden haben, geht es im letzten Schritt darum, diese zu bewerten und zu reflektieren. Ziel der Reflexion ist es, den eigenen Erfolg bzw. Misserfolg zu erkennen und einzuordnen bzw. für die Gründung weiterer Ökosysteme aus dem Prozess zu lernen. Folgende Leitfragen zur Dynamik der Zusammenarbeit im Ökosystem sind dabei hilfreich:

- Was hat zum Erfolg des Ökosystems beigetragen?
- Gibt es Faktoren, die sich (un)günstig auf den Erfolg des Ökosystems ausgewirkt haben?
- Zu welchem Zeitpunkt sind die Indikatoren für den späteren Erfolg/Misserfolg erkannt worden? Wie haben sich diese Indikatoren gezeigt?

5 Design-Thinking ist ein kreativer und nutzerzentrierter Problemlösungsansatz, der darauf abzielt, innovative Lösungen für komplexe Probleme zu entwickeln.

- Was hat die Zusammenarbeit gefördert, was war hinderlich und was kann daraus für die Weiterführung der Zusammenarbeit gelernt werden?
- Wie hat sich die Gruppe der Teilnehmenden über die Zeit verändert (z. B. Aufnahme von extrinsisch motivierten »Nehmern«)?
- Wie haben es die Teilnehmenden geschafft, ihre Kollegen und Kolleginnen innerhalb ihrer jeweiligen Organisationen von der Teilnahme an dem Ökosystem zu überzeugen?

10. Netzwerke für das Gemeinwohl – Sozial-Kooperationen und Public-private-Partnerships

Wissenswertes über Public-private-Partnerships (PPPs)

Neben der oben beschriebenen, kommerziell ausgerichteten Zusammenarbeit in Ökosystemen gibt es natürlich auch Kooperationen, die ein eher sozial ausgerichtetes Ziel verfolgen.

Der Begriff »Public-private-Partnership« (PPP) ist ein Sammelbegriff für jegliche Art kooperativen Zusammenwirkens – also der Bildung von Zweckgesellschaften – zwischen der öffentlichen Hand, der Privatwirtschaft und gegebenenfalls Nichtregierungsorganisationen (Non-Governmental Organizations – NGOs).

Ziel dieser Partnerschaften ist es, gemeinsam öffentliche Aufgaben zu erfüllen, Infrastrukturprojekte zu realisieren oder Dienstleistungen anzubieten. PPPs basieren auf der Idee, dass sowohl der öffentliche als auch der private Sektor spezifische Stärken einbringen kann, die in Kombination zu einer effizienteren und kostengünstigeren Erfüllung öffentlicher Aufgaben führen. In diesem Sinne sind sie mit den in Kapitel 9 beschriebenen wirtschaftlichen Ökosystemen verwandt.

Ein zentrales Merkmal von PPPs ist die langfristige Zusammenarbeit aller Beteiligten. Während bei herkömmlichen Beschaffungsmodellen die öffentliche Hand einzelne Sachmittel oder Dienstleistungen bei privaten Unternehmen einkauft, gehen PPPs weit darüber hinaus.

Dabei ist die Beziehung zwischen Public-private-Partnerships und Nichtregierungsorganisationen komplex und vielschichtig. NGOs können in verschiedenen Rollen an PPPs beteiligt sein – als Initiatoren, Vermittler, Partner oder auch als kritische Beobachter. Während PPPs in erster Linie als Kooperationen zwischen dem öffentlichen Sektor und privaten Unternehmen konzipiert sind, können NGOs eine wichtige ergänzende Rolle spielen, um soziale, ökologische oder entwicklungspolitische Ziele sicherzustellen.

Mögliche Rollen von NGOs in Public-private-Partnerships

Vermittler und Moderatoren

NGOs agieren oft als Brückenbauer zwischen öffentlichen und privaten Akteuren. Sie können dabei helfen, Vertrauen aufzubauen und gemeinsame Interessen zu identifizieren. Durch ihre Erfahrung im Umgang mit sozialen und lokalen Gemeinschaften sowie durch ihre Fachexpertise in bestimmten Themenfeldern (z. B. Umwelt, Menschenrechte, Gesundheit, Bildung) können sie Konflikte entschärfen und den Dialog zwischen den unterschiedlichen Parteien fördern.

Überwachungs- und Kontrollfunktion

NGOs fungieren häufig als kritische Beobachter in PPPs. Ihre Rolle besteht darin, sicherzustellen, dass öffentliche und private Interessen im Einklang mit dem Gemeinwohl stehen. Sie achten darauf, dass soziale und ökologische Standards eingehalten werden und dass benachteiligte Bevölkerungsgruppen nicht übersehen werden. Diese Monitoring-Funktion kann durch öffentliches Engagement und Berichterstattung ergänzt werden.

Partnerschaft und Projektdurchführung

In einigen PPPs treten NGOs selbst als Partner auf. Hier bringen sie spezifisches Wissen ein, übernehmen die Umsetzung von Projekten oder wirken bei der Evaluierung mit. Besonders in Bereichen wie Entwicklungshilfe, Umweltschutz, Bildung oder Gesundheitsförderung sind NGOs wertvolle Partner, da sie oft über fundierte Fachkenntnisse und lokale Netzwerke verfügen.

Vorteile der Einbindung von NGOs in Public-private-Partnerships

Stärken der Gemeinwohlorientierung

NGOs haben im Gegensatz zu privaten Unternehmen keine Gewinnabsichten. Ihre primäre Motivation ist das Gemeinwohl, was sie zu wichtigen Garanten dafür macht, dass soziale Ziele in PPP-Projekten berücksichtigt werden. Sie können sicherstellen, dass wirtschaftliche Effizienz und soziale Verantwortung im Einklang stehen.

Erhöhen der Legitimität

Durch die Beteiligung von NGOs in PPPs wird die Akzeptanz und Legitimität solcher Projekte in der Zivilgesellschaft erhöht. NGOs genießen oft das Vertrauen der Bevölkerung, insbesondere in Bereichen, in denen staatliche oder private Akteure als weniger glaubwürdig wahrgenommen werden. Ihre Teilnahme kann dazu beitragen, Widerstände gegen Projekte abzubauen und das Engagement der Gemeinschaft zu fördern.

Zugang zu spezifischen Fachkenntnissen und Netzwerken

NGOs haben häufig Zugang zu spezialisierten Fachkenntnissen und umfangreichen Netzwerken, insbesondere in Bereichen wie nachhaltige Entwicklung, Armutsbekämpfung oder Menschenrechte.

Dies kann den Erfolg und die Wirksamkeit von PPPs erheblich steigern.

Herausforderungen und Spannungsfelder

Interessenkonflikte

Eine zentrale Herausforderung ist das Spannungsfeld zwischen den unterschiedlichen Interessen der beteiligten Akteure. Während Unternehmen auf Rentabilität und Effizienz abzielen, stehen für NGOs oft ethische und soziale Werte im Vordergrund. Dies kann zu Konflikten führen, insbesondere wenn Entscheidungen getroffen werden, die den Profit der Unternehmen erhöhen, aber den sozialen Zielen der NGOs widersprechen.

Ungleiches Machtverhältnis

In PPPs haben private und öffentliche Akteure in der Regel mehr Ressourcen und Entscheidungsmacht als NGOs. Dies kann dazu führen, dass die Stimme von NGOs in Entscheidungsprozessen unterrepräsentiert ist. NGOs müssen daher strategisch agieren und sicherstellen, dass ihre Perspektiven angemessen berücksichtigt werden.

Vertrauensverlust in der Zivilgesellschaft

NGOs riskieren, ihr Image und ihre Glaubwürdigkeit zu verlieren, wenn sie zu stark mit gewinnorientierten Unternehmen oder politischen Akteuren kooperieren. Wenn der Eindruck entsteht, dass eine NGO ihre Prinzipien zugunsten wirtschaftlicher Interessen aufgibt, kann dies zu Misstrauen in der Zivilgesellschaft führen.

Beispiel: Wie eine NGO Sozial-Kooperationen schmiedet

Über Jahre hatte ich die Möglichkeit, als strategischer Berater den Generalsekretär einer der größten Nichtregierungsorganisationen der Welt zu unterstützen. Diese Organisation ist in über 120 Ländern, an mehr als 12.000 physischen Standorten und mit rund 100.000 Mitarbeitern und Mitarbeiterinnen seit 170 Jahren damit beschäftigt, jungen Menschen Zugang zu Bildung zu ermöglichen.

Mit dem Sitz ihrer Dachorganisation in Genf (CH) ist diese NGO als »Föderation von Föderationen« strukturiert. Dies bedeutet, dass sich die einzelnen Einheiten aus 120 Ländern (freiwillig) zu einer größeren Einheit zusammengeschlossen haben. Während diese Struktur die Möglichkeit bietet, Machtverhältnisse auszugleichen und die lokale Autonomie und Vielfalt zu bewahren, führt sie auch zu einer Reihe von Herausforderungen, insbesondere im Bereich der Führung. Denn, anders als in klassischen Wirtschaftsorganisationen, in denen klare disziplinarische und funktionale Berichtslinien existieren, haben der Generalsekretär und die Dachorganisation keine disziplinarische Handhabe über die einzelnen Einheiten und deren Mitarbeitende.
Daraus folgt, dass das Führen in einer solch großen und globalen Organisation ohne disziplinarische Führungskompetenz besonders komplex und herausfordernd ist.
Eine der Hauptaktivitäten dieser NGO ist es seit jeher, Partnerschaften mit Unternehmen, Regierungen und anderen NGOs rund um das Thema Bildung aufzubauen und zu betreiben. Man stelle sich den Grad an Komplexität und Schwierigkeit vor, eine Sozial-Kooperation zu schmieden, in der solch unterschiedliche Stakeholder gemeinsam wirken und in der die Ziele oft zwischen einem rein sozialen Ziel und wirtschaftlichen Zielen divergieren.
Die Dachorganisation mit ihrem Sitz in Genf sieht sich im Wesentlichen in der Rolle des Connector. Sie verbindet die einzelnen Organisationen und betreibt intern einen weltweiten, strukturierten Wissensaustausch. Nach außen hin fungiert die Dachorganisation häufig als Seeker. Sie sucht nach Verbindungen zu und Kooperationsmöglichkeiten mit Regierungen, Unternehmen und anderen NGOs, um gemeinsam Bildungsprojekte zu initiieren und umzusetzen.

Da es sich dabei nicht um wirtschaftliche, sondern um soziale Projekte handelt, steht auch nicht der kommerzielle Erfolg dieser Projekte im Vordergrund, sondern der soziale Erfolg. Das Formulieren von gemeinsamen Zielen wird dadurch aber nicht leichter.
Denn der finanzielle Aspekt bzw. das Thema Kosten lässt sich hierbei natürlich nicht komplett ausklammern. Es erscheint nur in anderer Form – und zwar mit dem Hinweis, dass die Kosten von »Nichtstun« gesellschaftlich höher sind als die Kosten, die den Kooperationspartnern durch das Mitmachen entstehen.

Storytelling: Vertrauen und die Macht des Geschichtenerzählens

Die Dachorganisation hat in ihrer Rolle als nach innen gerichteter Connector und nach außen gerichteter Seeker die anspruchsvolle Aufgabe, ohne disziplinarische Führungsgewalt intern um Mitarbeit und extern um finanzielle und/oder technische und inhaltliche Unterstützung zu werben. Wenn also potenzielle Mitwirkende sich nicht durch attraktive Gewinnmöglichkeiten von einer Kooperation überzeugen lassen, kommen Geschichten ins Spiel, die diese emotional ansprechen und zum Mitmachen animieren.
Diese Geschichten, die die andere Partei emotionalisieren sollen, sind in etwa vergleichbar mit dem bereits erwähnten Netzwerk-Task oder dem Ökosystem-Memorandum. In allen drei Fällen geht es darum, dass der Seeker anderen Netzwerk-Beteiligten den Grund einer Kooperation darlegt und die Vorteile für alle heraushebt.
Neben der Bedeutung, die das Erzählen von emotionalisierenden Geschichten besitzt, gibt es noch weitere Erfolgsfaktoren, mit denen die NGO über die Jahre Erfahrungen gesammelt hat, wie z. B. die eigene Verletzlichkeit und eigene Fehler einzugestehen, zu betonen, dass sie keinerlei Eigeninteresse verfolgt, sowie das über Jahre aufgebaute Vertrauen zu nutzen, dass diese Organisation weltweit genießt.

Beispiel: Eine Sozial-Kooperation erfolgreich skalieren

Anfang der 2020er-Jahre entschied sich die Genfer Dachorganisation dazu, ein Projekt zum Thema »Sinnvolle Arbeit für junge Menschen« zu beginnen. In seiner Rolle als Seeker suchte der Generalsekretär zunächst nach Unterstützung innerhalb der eigenen Gesamtorganisation, um dieses Thema dort zu verankern. Die Landesorganisation in Australien erwies sich als geeignet und übernahm so zunächst die Rolle des Giver.

Storytelling

Die Landesorganisation wusste seit langer Zeit um die Macht des Storytelling und ging daher bei der Ansprache möglicher Mitwirkender gezielt und strukturiert vor. Zunächst musste sie eine klare Botschaft definieren, die durch eine Geschichte vermittelt werden sollte. Diese Botschaft beinhaltete die zwei folgenden Aspekte:

1. Eine sinnvolle Arbeit für alle jungen Menschen stärkt den sozialen und wirtschaftlichen Zusammenhalt der Gesellschaft.
2. Es geht dabei um jeden einzelnen Menschen.

Dann entwickelte die Organisation zwei Charaktere, mit denen sich die angesprochenen Personen identifizieren konnten. Ein Konflikt wurde klar umrissen, um das Interesse der Zuhörenden zu fesseln. Dabei war es das Ziel, Emotionen zu wecken, um eine Unterstützung für das Vorhaben zu erzeugen.
Die Aspekte dieses Konflikts waren folgende:
Im Fokus der Kampagne standen zwei jugendliche Geschwister, die in einem sozialen Brennpunkt aufwuchsen. Beide Geschwister hatten nur stark limitierten Zugang zu Bildung und in der Konsequenz auch zum Arbeitsmarkt. Ohne externe Hilfe wäre Arbeitslosigkeit und weiterer sozialer Abstieg das wahrscheinlichste Szenario für die beiden.
Um die Erzählung lebendiger zu gestalten, ließ die Organisation dazu visuelle Elemente entwickeln (Videos und Bilder). Dieses Bildmaterial

zeigte sie verschiedenen Zielgruppen, um den Erzählstil und die Inhalte optimal anzupassen und Resonanz zu erzeugen.

Eine Allianz entsteht

Nach der Ausarbeitung des Ziels dieses Projektes und der Verknüpfung dieses Projektes mit der strategischen Vision der Gesamtorganisation wechselte die Landesorganisation Australien von der Rolle des Giver in die Rolle des Seeker. Analog zu dem in Kapitel 9 beschriebenen Vorgehen wurden die ersten nationalen Partner identifiziert, angesprochen und einige entschieden sich, an Bord zu kommen.
Zu den ersten Unterstützenden zählten eine Reihe national tätiger Beratungskonzerne und Jugendorganisationen, die dem Projekt nach innen Kompetenz und Skalierbarkeit einbrachten und nach außen Relevanz und Glaubwürdigkeit verliehen. Nach den ersten Erfolgen gewann das Projekt schnell an Dynamik. Weitere NGOs und Unternehmen, selbst außerhalb Australiens, entschieden sich dazu, Zeit, Kompetenz und Geld zu investieren. Spezifische Programme und Entwicklungskonzepte wurden gemeinsam erarbeitet und den jungen Menschen angeboten. Inzwischen nahm die Landesorganisation in Australien dann die Rolle eines Connector ein. Heute ist die NGO zufrieden, dass die Vision, jungen Menschen eine sinnvolle Arbeit zu geben, eine Sogwirkung entwickelt hat. Partner aus allen Bereichen sowie führende internationale Organisationen haben sich zur Mitarbeit an diesem Projekt entschieden. Bis zum Erscheinen dieses Buchs wurden bereits hunderte junger Menschen mit den entwickelten Konzepten geschult und deren Zukunftschancen so entscheidend verbessert. Und das Ende dieses Wachstums ist noch nicht abzusehen.

Wir sehen:
Netzwerke sind dynamisch und verändern häufig ihre Struktur.

Reflexion, Impulsfragen und Übungen zu Kapitel 10

Ich bin mir dessen bewusst, dass nicht alle Leser und Leserinnen dieses Buches einen unmittelbaren persönlichen Bezug zu dem Thema Public-private-Partnerships haben. Dennoch können alle, die am Aufbau eines Netzwerks oder eines Ökosystems arbeiten, etwas aus dem oben geschilderten Beispiel lernen:

Je schwieriger es ist, andere Organisationen durch finanzielle Anreize zu einer Kooperation zu bewegen, desto wichtiger wird die emotionale Ansprache durch geeignetes Storytelling dafür, den gemeinsamen Benefit der Zusammenarbeit herauszustreichen und Mitwirkende für das Vorhaben zu gewinnen. Diese emotionale Ansprache hilft, im Spannungsfeld zwischen sozialen und finanziellen Zielen zu navigieren.

Unabhängig davon, ob Sie eine PPP anstreben, ein Ökosystem aufbauen oder ihre individuellen Ziele durch Netzwerken verfolgen, kann Ihnen die folgende Reflexion dabei helfen, Ihre Ansprechpersonen nicht nur kognitiv, sondern auch emotional zu erreichen.

Erstellen Sie zunächst Ihr Memorandum, wie in der Reflexion zu Kapitel 9 beschrieben. Darin beschreiben Sie das Why, also den positiven Mehrwert, den Sie durch die Lösung des in Frage stehenden Problems erzielen wollen. Entwickeln Sie rund um dieses Why nun Ihre emotionale Geschichte. Wen betrifft das Problem und wie wirkt sich dies konkret auf den Lebensalltag dieser Menschen oder Organisationen aus (Ist-Zustand)? Wie fühlen sich die Betroffenen? Was sind ihre Hoffnungen und Träume?

Stellen Sie sich nun vor, Sie hätten – gemeinsam mit Ihrem Netzwerk, in einem Ökosystem oder einer PPP – das Problem gelöst (Ziel-Zustand). Woran würden die Betroffenen dies merken, was ist anders? Wie fühlt es sich an?

Auch wenn dieses Problem eher einen sozialen Kern hat, so kann es dennoch sein, dass ein gewisser wirtschaftlicher Aspekt in die emotionale Geschichte mit einfließen kann (s. Hinweis oben, dass die Kosten des »Nichtstuns« gesellschaftlich höher sind als die Kosten, die den Kooperationsparteien durch das Mitmachen entstehen).

Arbeiten Sie nun mit Bildern, Charakteren, konkreten Situationen und Gefühlen, die Ihre Ansprechpersonen berühren und bei ihnen den Wunsch wecken, Teil der Lösung zu sein. Teilen Sie Ihre Ideen, Ihre Geschichte, Bilder und Charaktere mit Ihnen nahestehenden Personen, um durch Feedback Ihren Ansatz iterativ zu verbessern.

Teil C: ZUSAMMEN-FASSUNG FÜR SCHNELL-LESENDE

Auf einen Blick: Strukturiertes Netzwerken in Frage und Antwort

Warum sollte ich mich mit dem Strukturierten Netzwerken auseinandersetzen?

1. Netzwerken ist eine oft unterentwickelte Kompetenz, hat aber großes Potenzial.
2. Die Fähigkeit, strukturiert zu netzwerken, ist eine Zukunftskompetenz.
3. Ohne das menschliche Handwerkszeug des Strukturierten Netzwerkens bleiben die unendlichen Möglichkeiten der technologischen Vernetzung weitestgehend ungenutzt.
4. Un-Strukturiertes Netzwerken erscheint einfacher als Strukturiertes Netzwerken, bietet aber wenig Nutzen.
5. Wenn die Option des Strukturierten Netzwerkens nicht in Betracht gezogen wird, kann das Potenzial des Netzwerkens nie gehoben werden.
6. Netzwerken ist ein Tauschgeschäft, bei dem ein Wert fließt.
7. Strukturiertes Netzwerken ist ein Zahlenspiel – je mehr Personen Sie gezielt ansprechen, desto größer sind die Erfolgsaussichten.
8. Häufiges Strukturiertes Netzwerken kreiert eine positive Eigendynamik und führt oft dazu, private wie berufliche Chancen zu finden, die ansonsten verborgen bleiben.

9. Bedenken Sie: Ein einziger neuer Kontakt kann zu zahllosen weiteren Kontakten führen.
10. Wer kein »Vitamin B« hat, kann es durch das Strukturierte Netzwerken selbst aufbauen.

Was muss ich über die Netzwerk-Rollen und die eigene Marke wissen?

11. Die drei Rollen Seeker, Connector und Giver bedingen und ergänzen sich.
12. Sobald Sie erkennen, dass Sie nicht nur als Seeker, sondern auch als Connector oder Giver agieren können, wird das Netzwerken plötzlich einfach – und es macht sogar Spaß.
13. Solange Sie regelmäßig als Connector oder Giver agieren, können Sie ohne Bedenken unbegrenzt als Seeker aktiv sein.
14. Die Entwicklung der eigenen Marke erfordert eine Antwort auf die Frage: »Wofür stehe ich?«
15. Die Weiterentwicklung der eigenen Marke erfordert eine Antwort auf diese Frage: »Wofür will ich stehen?«
16. Aktives und erfolgreiches Netzwerken macht die eigene Marke wertvoller.

Was muss ich über den Task wissen?

17. Je präziser und kürzer der Task, desto höher die Chancen auf Erfolg.
18. Ein ungenau formulierter Task führt nicht zum Ziel.
19. Menschen, die nicht genau wissen, wie sie helfen sollen, tun oft lieber nichts als das Falsche.
20. Je kürzer ein Task ist, desto eher wird er verstanden, weitergegeben und gelöst.

21. Je länger die Netzwerk-Kette, desto wichtiger werden Kürze und Präzision des Tasks.
22. Kommunikation ist nicht das, was der »Sender« sendet, sondern das, was der »Empfänger« empfängt.[6]
23. Der Seeker hat eine Holschuld, der Connector und der Giver haben keine Bringschuld.

Was sollte ich in der Rolle des Seeker beherzigen?

24. Wenn eben möglich, sollten Sie einen Cold Call vermeiden und stattdessen über einen Connector einen Warm Call erreichen.
25. Informieren Sie sich über die jeweilige Netzwerk-Stärke zwischen Connector und Giver mit dieser Frage: »Wie gut kennen Sie den Giver?«
26. Entscheiden Sie auf Basis der jeweiligen Netzwerk-Stärke zwischen Connector und Giver, ob der Connector wirklich die richtige Person für die Vernetzung ist.
27. Erstellen Sie eine Gruppe möglicher Kandidaten und Kandidatinnen, letztlich entscheiden Sie als Seeker, wer der richtige Giver ist.
28. Sie und der Giver entscheiden zusammen, ob Sie den Task gemeinsam lösen.
29. Versuchen Sie, aus jedem Warm Call mindestens einen weiteren Warm Call zu erhalten. Sonst fangen Sie wieder bei einem Cold Call an.
30. Eine Netzwerk-Suchprämie kann unter Umständen eine gute Idee sein, um das Netzwerken in Gang zu bringen.

---

6 Vgl. Paul Watzlawick, Janet H. Beavin, Don D. Jackson, »Menschliche Kommunikation: Formen, Störungen, Paradoxien« (Hogrefe, 2016).

31. Eine Netzwerk-Suchprämie kann sowohl monetärer als auch nicht-monetärer Natur sein.

Was sollte ich in der Rolle des Connector beherzigen?

32. Überprüfen Sie nach der Vernetzung eines Seeker mit einem Giver, ob der Kontakt auch wirklich zustande gekommen ist.
33. Das Monitoring der weitergeleiteten Netzwerk-Anfrage ermöglicht Ihnen die Stärkung der eigenen Vernetzung.
34. Das Denken in Netzwerk-Ketten (mehrere Connectors) ermöglicht oft bessere Resultate als das Denken in Netzwerk-Modulen (ein einzelner Connector).
35. Wenn Sie in der Rolle eines Connector zwei Personen miteinander bekannt machen, empfiehlt es sich, diese Vorstellung mit ein paar kurzen und relevanten Wörtern geübt einzuleiten. Dabei ist es wichtig, sich kurz auf die beiden Personen zu konzentrieren, sich an die Vor- und Nachnamen zu erinnern und sich den Beruf oder andere relevante Aspekte in Erinnerung zu rufen.
36. Mögliche Einleitungen einer Vernetzung:
    - »Ich bin sicher, dass Ihr beide (Giver und Seeker) einen spannenden Austausch haben werdet.«
    - »Ich würde mich freuen, wenn Ihr miteinander ins Gespräch kommt.«
    - »Ich wäre Dir dankbar (lieber Giver), wenn Du mit dem Seeker ein Netzwerk-Gespräch führen würdest.«
    - »Ich möchte Dich in aller Freundschaft darum bitten, Dich mit dem Seeker einmal zu unterhalten.«
37. Beim Identifizieren eines möglichen Netzwerk-Kontakts können Sie nicht nur mit reiner Kognition (Denkprozess), sondern auch mit Inspiration sehr gute Ergebnisse erreichen.

38. Als Connector sollten Sie sich nicht nur oberflächlich mit dem Task des Seeker auseinandersetzen. Der Connector sollte sich die Frage stellen: »Wie kann ich wirklich und am besten helfen?«

Was sollte ich in der Rolle des Giver beherzigen?

39. Es erleichtert die Reaktion auf eine spontan erhaltene Netzwerk-Anfrage, wenn Sie sich nicht die Frage stellen, »ob« Sie etwas mit diesem Seeker machen können, sondern »was« Sie mit dem Seeker machen können. Dies verleiht den Netzwerk-Anfragen etwas Spielerisches.
40. Die Frage ist: »Will ich helfen – oder nicht?«
41. Wenn der Seeker mit einem klaren Task an Sie herantritt, helfen Sie selbstverständlich, wenn Sie können.
42. Es macht tatsächlich Spaß, anderen zu helfen.

Warum ist das Geben und Helfen so zentral beim Netzwerken?

43. Netzwerken erfordert Geben.
44. Je mehr Sie geben, desto mehr können Sie bekommen.
45. Es spricht sich schnell herum, ob und wie Sie anderen geholfen haben.
46. Trotz beiderseitiger Vorteile kann die Angst vor mangelnder Kooperation eine der beiden beteiligten Personen davon abhalten, zu netzwerken.
47. Bedenken Sie: Andere Netzwerk-Teilnehmende haben wahrscheinlich ähnliche Hemmungen wie Sie.
48. Die Netzwerk-Power-Frage lautet daher: »Wie kann ich helfen?«

49. Ein Seeker, der um Unterstützung bittet, kann folgende Geste anwenden: »Gerne erwidere ich den Gefallen.«
50. Einmal im Netzwerk, immer im Netzwerk!

Wie nutze ich ein Netzwerk-Event am besten?

51. Nur durch die aktive Teilnahme an Netzwerk-Anlässen kann Erfolg entstehen.
52. Je weniger Sie selbst sprechen und je mehr Fragen Sie stellen, desto gezielter verläuft das Netzwerk-Gespräch.
53. Mögliche Eröffnungsfragen auf einem Event:
    - »Wie fanden Sie den Vortrag?«
    - »Welchen Bezug hat das Thema der heutigen Veranstaltung zu Ihnen?«
    - »Aus welchem Grund besuchen Sie diese Veranstaltung?«
54. Mögliche Abschlussfragen auf einem Event:
    - »Würden Sie meine Einladung zur Vernetzung (auf sozialen Medien) akzeptieren?«
    - »Wollen wir unser Gespräch eventuell in der kommenden Woche fortsetzen?«
    - »Ich würde gern auf diesem Event noch ein paar weitere Kontakte knüpfen. Können Sie mir spannende Gesprächspartner oder -partnerinnen empfehlen oder mich sogar einer dieser Personen vorstellen?«
55. Sowohl die Fragen als auch die Antworten sollten möglichst kurz sein, um nicht in einen Monolog zu verfallen.
56. Auf einem Netzwerk-Anlass sollten Sie nie alleine stehen. Ein Gespräch mit einer beliebigen anderen daran teilnehmenden Person ist besser, als auf einem Netzwerk-Anlass allein zu sein.

57. Bevor Sie ein Netzwerkgespräch verlassen, sollten Sie einen konkreten nächsten Schritt formuliert haben. Ansonsten wird dieser neue Kontakt eventuell im Sande verlaufen.
58. Verlassen Sie nie ein Netzwerk-Event, bevor Sie nicht mindestens drei bis fünf neue Netzwerk-Kontakte erworben haben.
59. Notieren Sie sich nach einem Event die neuen Kontakte und schreiben Sie auf, wo Sie die Personen kennengelernt haben.

Wie kann ich den Netzwerk-Ansatz auf die Jobsuche anwenden?

60. Stellen Sie sich folgende Frage, bevor Sie sich bewerben: »Was sollte der Pain-Point des zukünftigen Arbeitgebers sein, damit ich der ideale Kandidat bzw. die ideale Kandidatin bin?«
61. Ohne Kenntnis der Pain-Points der Organisation können Sie sich nicht erfolgreich als Job-Kandidat bzw. -Kandidatin positionieren.
62. Eine auf die Pain-Points ausgerichtete Bewerbung hat höhere Erfolgsaussichten.
63. Suchen Sie gezielt mit folgender Frage nach Netzwerk-Kontakten: »Ich suche einen Kontakt in die Firma A oder zu Person B. Können Sie mir dabei helfen?«
64. Auch wenn die Person aus einem ganz anderen Bereich kommt, kann sie trotzdem ein idealer Connector sein.
65. Stellen Sie Ihrem Netzwerk-Kontakt niemals direkt die Frage: »Haben Sie einen Job für mich?«
66. Stellen Sie Ihrem Netzwerk-Kontakt lieber diese Frage: »Ich würde gern mehr über die Firma A erfahren, in der Sie arbeiten. Würden Sie mir Zeit für ein Gespräch schenken, bitte?«
67. Stellen Sie im Anschluss an ein Netzwerk-Gespräch folgende drei Netzwerk-Fragen:

- Netzwerk-Frage 1: »Glauben Sie, lieber Giver, dass jemand mit meinem Profil in Ihre Organisation passt?«
- Netzwerk-Frage 2 (wenn Netzwerk-Frage 1 mit »ja« beantwortet wird): »Mit wem in Ihrer Organisation sollte ich ein Gespräch führen? Würden Sie mich bitte intern mit dieser Person vernetzen?«
- Netzwerk-Frage 3 (wenn Netzwerk-Frage 1 mit »nein« beantwortet wird): »Mit wem in Ihrem Netzwerk sollte ich ein Netzwerk-Gespräch führen? Was brauchen Sie von mir, um mich mit diesen Personen zu vernetzen?«

Welchen Wert hat das Strukturierte Netzwerken innerhalb von Organisationen?

68. Innerhalb einer Organisation kann die strukturierte Zusammenarbeit der drei Netzwerk-Rollen (Seeker, Connector und Giver) unzugängliches Wissen auffindbar machen.
69. Netzwerken ermöglicht den gezielten Austausch auch über Bereichsgrenzen hinweg und schafft strategischen und kommerziellen Mehrwert.
70. Netzwerken ermöglicht eine klare Positionierung, Sichtbarkeit und Stärkung der eigenen Marke, wodurch dann wiederum die eigene Entwicklung und die eigene Karriere unterstützt wird.
71. Netzwerken ermöglicht das Lösen von Problemen, die von einzelnen Personen/Bereichen nicht gelöst werden können.
72. Netzwerken macht die Umsetzung von Projekten effizienter und erfolgreicher.

Wie wende ich den Netzwerk-Ansatz auf den Aufbau eines Ökosystems an?

73. Um das Ziel, die Rollen und Inhalte eines Ökosystems verständlich zu reflektieren, bedarf es eines »Memorandums«, das analog zu einem »Meta-Task« mehrere Tasks in sich vereint.
74. In der Frühphase der Entwicklung eines Ökosystems sollte der »Gründer« gezielt nach relevanten Organisationen und Personen suchen (Seeker) und die Fähigkeiten, Motivationen und Limitierungen der einzelnen möglichen Mitwirkenden analysieren und bewerten.
75. Für den langfristigen Erfolg eines neuen Ökosystems ist es wichtig, dass die ersten Teilnehmenden intrinsisch motiviert, als Geber handelnd unterwegs sind und initiieren.
76. Ein hohes Maß an Risiko begleitet ein neues Ökosystem, das vorwiegend aus extrinsisch motivierten Nehmern besteht, die mehr reden als tun, und die eher mitlaufen als initiieren.
77. Alle Teilnehmenden eines Ökosystems sollten verinnerlichen, dass andere daran Beteiligte für andere Organisationen arbeiten und daher auch anderen Gesetzmäßigkeiten unterworfen sind.
78. Es ist durchaus in Ordnung, wenn der Initiator die Rolle des Ökosystem-Leiters (Ecosystem-Leader) nicht allein beansprucht oder nicht über den gesamten Zeitverlauf beibehält.
79. Das Schöpferische und Co-Kreative eines Ökosystems entspringt einer mitunter auf viele Schultern verteilten Führung.
80. Ein Ökosystem leistet durch die Zusammenarbeit einzelner Personen über Organisationsgrenzen hinweg einen Mehrwert, der durch die Arbeit einer einzelnen Person oder Organisation allein nie zustande gekommen wäre.

Wie wende ich den Netzwerk-Ansatz auf die Entwicklung von »Sozial-Kooperationen« (Public-private-Partnerships) an?

81. Die Fähigkeit, Geschichten zu erzählen (Storytelling), hilft beim Aufbau von Sozial-Kooperationen, auch wenn die angestrebte Zusammenarbeit keinen oder nur wenig wirtschaftlichen Vorteil kreiert.

Schlussgedanke

Während der letzten Jahre hatte ich die große Chance, mit tausenden von Personen in unterschiedlichen Funktionen, Hierarchien, Industrien oder geographischen Regionen zum Thema Netzwerken zu arbeiten.

In vielen Gesprächen habe ich verstanden, dass die meisten unserer Probleme durch die Zusammenarbeit mit anderen Menschen gelöst werden können.

Ich habe aber auch gelernt, dass sehr viele Menschen persönliche Vorbehalte dagegen haben, andere Personen gezielt um Hilfe zu bitten. Viele Menschen haben einfach Angst, zurückgewiesen zu werden.

Ich verbinde mit diesem Buch die konkrete Hoffnung,

- Menschen bei der Lösung ihrer eigenen Probleme zu helfen,
- Mitmenschen zu helfen, zur Lösung von Problemen anderer beizutragen, oder
- Mitarbeitenden zu helfen, die Probleme in ihrer eigenen Organisation oder in anderen Organisationen durch den Aufbau von Ökosystemen zu lösen, indem die hier empfohlenen Netzwerk-Tipps zur Anwendung kommen.

Versuchen Sie es einfach mal. Es mag sein, dass die ersten Schritte hin zum Strukturierten Netzwerken etwas Überwindung kosten – aber was ist wirklich das Schlimmste, das beim Netzwerken passieren kann ...? Letzten Endes ist das eigene Risiko beim Strukturierten Netzwerken so verschwindend gering – und der potenzielle Mehrwert für einen selbst und andere geradezu enorm. Ich garantiere Ihnen, dass Netzwerken mit jedem weiteren Schritt einfacher und erfolgreicher wird – und: Es wird Ihnen Spaß machen. Je mehr wir alle strukturiert netzwerken, desto eher kreieren wir für uns und andere einen persönlichen und/oder einen kommerziellen Nutzen.

Ich bedanke mich sehr herzlich bei Ihnen, liebe Leserin, lieber Leser, für das Interesse an meiner Arbeit.
Vernetzen Sie sich doch auf www.carstensudhoff.com mit mir und schreiben Sie mir Ihre Erfahrungen aus Ihrer Netzwerk-Aktivität – es würde mich interessieren, von Ihren Netzwerk-Erlebnissen zu erfahren.

Happy Networking!

Danksagung

Mein besonderer Dank gilt Dr. Jennifer Sparr, die mich während des Schreibens dieses Buches immer wieder ermutigt hat, Inhalte zu ergänzen, zu vertiefen und mit weiteren Beispielen aus meiner Beratungspraxis greifbar zu machen. Ihre Fähigkeit, Struktur in Komplexität zu bringen, hat mir geholfen, meine Empfehlungen auf den Punkt zu bringen. Die von ihr entwickelten Reflexionsimpulse verleihen dem Buch zusätzliche Tiefe und laden dazu ein, nicht nur zu lesen, sondern die Inhalte direkt auf die eigenen Fragestellungen anzuwenden und dadurch das Netzwerken zu strukturieren. Für ihre kluge Begleitung, ihr aufmerksames Mitdenken und ihre wertschätzende Kritik bin ich von Herzen dankbar.

Ein herzliches Dankeschön geht auch an Sandro Arnold, ohne den es dieses Buch wahrscheinlich gar nicht gäbe. Im Dialog mit Sandro ist die Idee entstanden, meine Erfahrungen und Empfehlungen aus mehr als 10.000 Beratungen aufzuschreiben und damit für ein breites Publikum zugänglich zu machen. Nicht nur hat er mich zum Schreiben ermutigt, sondern insbesondere in der Anfangsphase des Schreibens bei der Strukturierung der Inhalte unterstützt, sodass aus ersten Ideen ein klares und kohärentes Konzept entstehen konnte.

In dieser Publikation wird eine geschlechtergerechte Sprache verwendet. Dort, wo das nicht möglich ist oder die Lesbarkeit stark eingeschränkt würde, gelten die gewählten personenbezogenen Bezeichnungen für alle Geschlechter.

Bibliografische Information der Deutschen Nationalbibliothek

Die Deutsche Nationalbibliothek verzeichnet diese Publikation in der Deutschen Nationalbibliografie; detaillierte bibliografische Daten sind im Internet über http://dnb.dnb.de/ abrufbar.

Print:	ISBN 978-3-68951-035-0	Bestell-Nr. 12275-0001
ePub:	ISBN 978-3-68951-037-4	Bestell-Nr. 12275-0100
ePDF:	ISBN 978-3-68951-038-1	Bestell-Nr. 12275-0150

Carsten Sudhoff
Keiner gewinnt allein
1. Auflage, Januar 2026

Munzinger Str. 9, 79111 Freiburg
www.haufe.de | info@haufe.de

Covergestaltung: Florin Preußler, München
Bildnachweis Autorenfoto: Jennifer Sparr
Produktmanagement: Elisabeth Heueisen